逐条解説シリーズ

逐条解説
2014年
金融商品取引法
改正

齋藤通雄／油布志行／井上俊剛／中澤　亨
● 監修
齊藤将彦／古角壽雄／小長谷章人／今井仁美
齊藤　哲／大谷　潤／笠原基和
● 編著

商事法務

●はしがき

　『逐条解説2008年金融商品取引法改正』以降、例年にわたり本シリーズを刊行してきたところであるが、本年も金融商品取引法の改正が行われたことに併せ『逐条解説2014年金融商品取引法改正』を刊行する運びとなった。

　日本経済の持続的な成長を実現していくためには、投資者保護に配意しつつ、金融仲介機能を活用して新規・成長企業や上場企業等に対するリスクマネーの供給の促進・円滑化を図っていくことが不可欠である。また、家計や機関投資家等が安心して資産運用や金融取引を行うために、市場の信頼性を高めていくことも、同時並行で取り組んでいくべき課題である。

　2014年の改正は、こうした状況を踏まえ、
　・市場の活性化（新規・成長企業へのリスクマネー供給促進）
　・市場の活性化（新規上場の促進や資金調達の円滑化等）
　・市場の信頼性確保

に係る施策を盛り込んでいる。

　本書では、まず第1部において、2014年改正の経緯・概要や改正の全体像等について解説している。次に、第2部においては、主な改正事項について改正のねらいやその要点について解説している。さらに、第3部においては、改正法の詳細を逐条形式で解説している。

　金融商品取引法は、その制定以来、毎年改正が行われてきており、条文数が増えるとともに体系もより複雑になってきている。また、改正内容には、規制を強化するものがある一方で逆に規制を緩めるものもあったりと、どのような考え方・方向性で改正が行われているのか、第三者にはわかりにくいところもあるかもしれない。

　金融商品取引法が金融・資本市場を律するルールである以上、市場機能が円滑・適正に働くようにすることが制度整備に当たってまず考えるべき視点である。ただ、市場機能の適切な発揮を実現することは必ずしも容易ではない。規制が厳しくがんじがらめでは市場機能が発揮されないのは勿

論だが、規制が甘く濫用を許すようでも、問題を発生させて市場に対する信頼を失わせ、市場機能を損なうことになりかねない。制度整備に当たっては、そのバランスを十分に検討した上でルール作りを行っているが、実際に制度が運用されていく過程で、当初の政策意図とは違う形で利用が進み、見直しが必要となってくる場合もある。また、新しい金融商品の登場や、国際的な環境の変化に応じて、既存の制度の見直しや新たなルール作りが求められることもある。

そのような様々な法改正の契機・動機について、理解を深めていただくことが、執筆に当たった担当官共通の願いであろう。

整備された制度の円滑な運用・定着が図られることが最も重要であることは言うまでもなく、本書が実務に携わっている方々の一助になることを通じて、制度の円滑な運用・定着、さらには将来の対話に資することを期待している。

本書の出版に当たっては、商事法務の岩佐智樹氏に多大な御尽力をいただいており、この場を借りて御礼申し上げます。

なお、文中、意見にわたる部分については、各筆者の個人的な見解であることを申し添えたい。

2015 年 1 月

齋藤　通雄

油布　志行

●執筆者等紹介

[監修]

齋藤　通雄（金融庁総務企画局市場課長）

油布　志行（金融庁総務企画局企業開示課長）

井上　俊剛（金融庁総務企画局企画課調査室長）

中澤　　亨（金融庁総務企画局市場課市場法制管理官）

[編著]

齊藤　将彦（金融庁総務企画局市場課総括課長補佐）

古角　壽雄（金融庁総務企画局市場課市場法制企画調整官）

小長谷章人（金融庁総務企画局市場課課長補佐）

今井　仁美（金融庁総務企画局市場課課長補佐）

齊藤　　哲（金融庁総務企画局市場課課長補佐）

大谷　　潤（金融庁総務企画局企業開示課開示企画調整官）

笠原　基和（金融庁総務企画局企業開示課課長補佐）

[立案担当者]

○投資型クラウドファンディングの利用促進

小長谷章人（金融庁総務企画局市場課課長補佐）

山辺紘太郎（金融庁総務企画局市場課専門官）

○新たな非上場株式の取引制度

小長谷章人（金融庁総務企画局市場課課長補佐）

山辺紘太郎（金融庁総務企画局市場課専門官）

○金商業者の事業年度規制の見直し

伊東　成海（金融庁総務企画局市場課専門官）

○新規上場に伴う負担の軽減

大谷　　潤（金融庁総務企画局企業開示課開示企画調整官）

佐藤　光伸（金融庁総務企画局企業開示課専門官）

○上場企業の資金調達の円滑化等

大谷　　潤（金融庁総務企画局企業開示課開示企画調整官）

笠原　基和（金融庁総務企画局企業開示課課長補佐）

西澤　恵理（金融庁総務企画局企業開示課課長補佐）

谷口　達哉（金融庁総務企画局企業開示課専門官）

○ファンド販売業者に対する規制の見直し

古角　壽雄（金融庁総務企画局市場課市場法制企画調整官）

上島　正道（金融庁総務企画局市場課専門官）

○金融指標に係る規制の導入

今井　仁美（金融庁総務企画局市場課課長補佐）

塚本　晃浩（金融庁総務企画局市場課専門官）

樋口　　彰（金融庁総務企画局市場課専門官）

○電子化された株券等の没収手続の整備

伊東　成海（金融庁総務企画局市場課専門官）

○その他（金融商品取引所の業務の追加）

田中　泰治（金融庁総務企画局市場課課長補佐）

※　肩書きは立案当時のものである。

［協力者］

澤田多実子、赤羽賀名子、佐々木豪、原　昌宏、田口　豪、楠　拓矢、新谷亜紀子、神谷槙子、塩屋孝志、山本竜彦、山本悠平、齊藤麻衣、上利悟史、染川貴志

● 執筆担当

[第1部]
 齋藤　通雄
 油布　志行
 井上　俊剛
 中澤　　亨
 齊藤　将彦
 齊藤　　哲

[第2部]
Ⅰ 中澤　　亨
  小長谷章人
  山辺紘太郎
Ⅱ 中澤　　亨
  小長谷章人
  山辺紘太郎
Ⅲ 齋藤　通雄
  伊東　成海
Ⅳ 油布　志行
  笠原　基和
  大谷　　潤
  佐藤　光伸
  西澤　恵理
  谷口　達哉
Ⅴ 中澤　　亨
  古角　壽雄
  上島　正道
Ⅵ 井上　俊剛
  今井　仁美
  塚本　晃浩
  樋口　　彰
Ⅶ 齋藤　通雄
  伊東　成海
Ⅷ 齋藤　通雄
  田中　泰治

[第3部]
 齋藤　通雄
 油布　志行
 井上　俊剛
 中澤　　亨
 小長谷章人
 山辺紘太郎
 伊東　成海
 笠原　基和
 佐藤　光伸
 大谷　　潤
 西澤　恵理
 谷口　達哉
 古角　壽雄
 上島　正道
 今井　仁美
 塚本　晃浩
 樋口　　彰
 田中　泰治

●凡例

本書においては、特に断りのない限り以下のように略記する。

1．法、金商法：金融商品取引法（昭和23年法律第25号）（表記のないものも）
2．改正法：金融商品取引法等の一部を改正する法律（平成26年法律第44号）
3．政令、令、施行令：金融商品取引法施行令（昭和40年政令第321号）

逐条解説 2014年金融商品取引法改正

も　く　じ

第1部　改正の概要

I　改正の経緯と概要　2
1　改正の経緯　2
2　改正の概要　10

II　改正の全体像　12
1　投資型クラウドファンディングに係る制度整備　12
2　新たな非上場株式の取引制度　12
3　金融商品取引業者の事業年度規制の見直し　13
4　新規上場の促進や資金調達の円滑化等のための制度整備　13
5　ファンド販売業者に対する規制の見直し　15
6　金融指標に係る規制の導入　15
7　電子化された株券等の没収手続の整備　16
8　その他の改正事項（金融商品取引所の業務の追加）　16
9　施行日　17

第2部　主な改正事項のねらいと要点

I　投資型クラウドファンディングに係る制度整備　20
1　改正の背景　20
2　改正の概要　20

II　新たな非上場株式の取引制度　24
1　改正の背景　24

2　改正の概要　24

III　金融商品取引業者の事業年度規制の見直し　26
1　改正の背景　26
2　改正の概要　27
3　外国法人の取扱い　27

IV　新規上場の促進や資金調達の円滑化等のための制度整備　29
1　新規上場企業が提出する内部統制報告書に係る監査の免除　29
2　大量保有報告制度の見直し　31
3　虚偽記載等のある有価証券報告書等の提出に係る賠償責任の見直し　34

V　ファンド販売業者に対する規制の見直し　38
1　改正の背景　38
2　改正の概要　40

VI　金融指標に係る規制の導入　45
1　改正の背景　45
2　改正の概要　48

VII　電子化された株券等の没収手続の整備　55
1　現行の没収規定　55
2　改正の背景　55
3　改正の概要　57

VIII　その他の改正事項（金融商品取引所の業務の追加）　58

第3部　逐条解説編

第1条　金融商品取引法の一部改正　60

第 1 章　総則　60

　第 2 条（定義）　60

第 2 章　企業内容等の開示　61

　第 4 条（募集又は売出しの届出）　61
　第 21 条の 2（虚偽記載等のある書類の提出者の賠償責任）　62
　第 22 条（虚偽記載等のある届出書の提出会社の役員等の賠償責任）　67
　第 23 条の 4（訂正発行登録書の提出）　68
　第 24 条の 4（虚偽記載のある有価証券報告書の提出会社の役員等の賠償責任）　69
　第 24 条の 4 の 6（賠償責任に関する規定の準用）　70
　第 24 条の 4 の 7（四半期報告書の提出）　71
　第 24 条の 5（半期報告書及び臨時報告書の提出）　72
　第 24 条の 6（自己株券買付状況報告書の提出）　74

第 2 章の 3　株券等の大量保有の状況に関する開示　76

　第 27 条の 23（大量保有報告書の提出）　76
　第 27 条の 25（大量保有報告書に係る変更報告書の提出）　78
　第 27 条の 26（特例対象株券等の大量保有者による報告の特例）　80
　第 27 条の 28（大量保有報告書等の公衆縦覧）　82

第 2 章の 4　開示用電子情報処理組織による手続の特例等　84

　第 27 条の 30 の 2（開示用電子情報処理組織の定義）　84
　第 27 条の 30 の 6（金融商品取引所等に対する書類の写しの提出等に代わる通知等）　87

第 2 章の 5　特定証券情報等の提供又は公表　89

　第 27 条の 34（虚偽の特定情報に係る賠償責任）　89
　第 27 条の 34 の 2（外国証券情報に係る違反行為者の賠償責任）　92

第 3 章　金融商品取引業者等　93

第 1 節　総則　93

第 2 款　金融商品取引業者　93

　第 29 条の 2（登録の申請）　93
　第 29 条の 4（登録の拒否）　96
　第 29 条の 4 の 2（第一種少額電子募集取扱業者についての登録等の特例）　113
　第 29 条の 4 の 3（第二種少額電子募集取扱業者についての登録等の特例）　121
　第 29 条の 5（適格投資家に関する業務についての登録等の特例）　123

第 31 条（変更登録等）　125

　第 4 款　登録金融機関　126
　　第 33 条の 3（金融機関の登録申請）　126
　　第 33 条の 5（金融機関の登録の拒否等）　127

第 2 節　業務　128
　第 1 款　通則　128
　　第 35 条の 3（業務管理体制の整備）　128
　　第 38 条（禁止行為）　129
　　第 40 条の 3 の 2（金銭の流用が行われている場合の募集等の禁止）　131

　第 5 款　電子募集取扱業務に関する特則　133
　　第 43 条の 5　133

第 3 節　経理　134
　第 1 款　第一種金融商品取引業を行う金融商品取引業者　134
　　第 46 条（事業年度）　134
　　第 46 条の 6（自己資本規制比率）　135

　第 4 款　外国法人等に対する特例　136
　　第 49 条（事業報告書の提出等に関する特例）　136
　　第 49 条の 2（事業報告書の提出等に関する特例）　138
　　第 49 条の 4（損失準備金）　139

第 4 節　監督　140
　　第 50 条の 2（廃業等の届出等）　140
　　第 52 条（金融商品取引業者に対する監督上の処分）　141
　　第 52 条の 2（登録金融機関に対する監督上の処分）　141
　　第 56 条の 4（金融商品取引所等の会員等でない金融商品取引業者等に対する監督）　142
　　第 57 条（審問等）　144

第 4 節の 2　特別金融商品取引業者等に関する特則　145
　第 1 款　特別金融商品取引業者　145

第57条の2（特別金融商品取引業者に係る届出等） 145

第2款　指定親会社　146
第57条の17（経営の健全性の状況を記載した書面の届出等） 146
第57条の20（指定親会社等に対する措置命令等） 148

第5節　外国業者に関する特例　149
第2款　引受業務の一部の許可　149
第59条の2（引受業務の一部の許可の申請） 149
第59条の4（引受業務の一部の許可の拒否要件） 150
第59条の5（引受業務の一部の許可の取消し） 151

第3款　取引所取引業務の許可　152
第60条の3（取引所取引業務の許可の拒否要件） 152
第60条の8（取引所取引許可業者に対する監督上の処分） 152

第6節　適格機関投資家等特例業務に関する特例　153
第63条（適格機関投資家等特例業務） 153

第7節　外務員　154
第64条の2（登録の拒否） 154
第64条の4（登録事項の変更等の届出） 154
第64条の5（外務員に対する監督上の処分） 155

第8節　雑則　156
第65条の5（適用除外） 156

第3章の2　金融商品仲介業者　158
第1節　総則　158
第66条の4（登録の拒否） 158

第2節　業務　159
第66条の14（禁止行為） 159

第4節　監督　161
　　第66条の20（監督上の処分）　161

第3章の3　信用格付業者　162
第1節　総則　162
　　第66条の30（登録の拒否）　162

第4節　監督　163
　　第66条の42（監督上の処分）　163

第4章　金融商品取引業協会　164
第1節　認可金融商品取引業協会　164
第1款　設立及び業務　164
　　第67条の4（認可申請書の審査）　164
　　第67条の18（認可協会への報告）　164

第3款　管理　166
　　第69条（役員の選任及びその職務権限）　166

第4章の2　投資者保護基金　168
第3節　設立　168
　　第79条の31（認可審査基準）　168

第4節　管理　168
　　第79条の36（役員の権限）　168

第5章　金融商品取引所　170
第1節　総則　170
　　第82条（免許審査基準）　170
　　第87条の2（業務の範囲）　170

第2節　金融商品会員制法人及び自主規制法人並びに取引所金融商品市場を開設する株式会社　172

第 1 款　金融商品会員制法人　172
　　第 98 条（役員の選任等）　172
　　第 101 条の 18（認可基準）　173

第 1 款の 2　自主規制法人　173
　　第 102 条の 23（役員の選任等）　173

第 3 節　取引所金融商品市場における有価証券の売買等　174
　　第 112 条（会員金融商品取引所の取引参加者）　174
　　第 113 条（株式会社金融商品取引所の取引参加者）　175

第 4 節　金融商品取引所の解散等　175
第 2 款　合併　175
　　第 141 条（認可基準）　175

第 5 章の 4　証券金融会社　177
　　第 156 条の 25（免許審査基準）　177

第 5 章の 7　特定金融指標算出者　178
　　第 156 条の 85（特定金融指標算出者の指定）　178
　　第 156 条の 86（書類の届出）　181
　　第 156 条の 87（業務規程）　182
　　第 156 条の 88（休廃止の届出）　186
　　第 156 条の 89（報告の徴取及び検査）　187
　　第 156 条の 90（改善命令等）　189
　　第 156 条の 91（業務移転の勧告）　190
　　第 156 条の 92（内閣府令への委任）　191

第 7 章　雑則　192
　　第 188 条（金融商品取引業者の業務等に関する書類の作成、保存及び報告の義務）　192
　　第 190 条（検査職員の証票携帯）　193
　　第 193 条の 2（公認会計士又は監査法人による監査証明）　194
　　第 194 条の 7（金融庁長官への権限の委任）　197

第 8 章　罰則　199

第 198 条　　199
第 198 条の 5　　200
第 198 条の 6　　201
第 205 条　　203
第 205 条の 2 の 3　　203
第 206 条　　205
第 208 条　　206
第 209 条の 2（混和した財産の没収等）　　208
第 209 条の 3（没収の要件等）　　209

第 8 章の 2　没収に関する手続等の特例　　211

第 209 条の 4（第三者の財産の没収手続等）　　211
第 209 条の 5（没収された債権等の処分等）　　213
第 209 条の 6（没収の裁判に基づく登記等）　　214
第 209 条の 7（刑事補償の特例）　　215

第 9 章　犯則事件の調査等　　216

第 210 条（質問、検査又は領置等）　　216

第 2 条　金融商品取引法等の一部を改正する法律（平成 24 年法律第 86 号）の一部改正　　217

第 3 条　　217
附則第 3 条（金融商品取引業者に関する経過措置）　　219

事項索引　　221

第1部

改正の概要

I　改正の経緯と概要

　金融商品取引法は、平成20年以降、毎年の改正が行われているが、本年においても、引き続き現下の金融・資本市場をめぐる環境を踏まえた見直しが行われた。

　日本経済の持続的な成長を実現していくためには、投資者保護に配意しつつ、金融仲介機能を活用して新規・成長企業や上場企業等に対するリスクマネーの供給の促進・円滑化を図っていくことが不可欠である。また、家計や機関投資家等が安心して資産運用や金融取引を行うために、市場の信頼性を高めていくことも、同時並行で取り組んでいくべき課題である。

　こうした観点に基づき必要な施策を盛り込んだ「金融商品取引法等の一部を改正する法律案」が平成26年3月14日に第186回国会（常会）に提出され、その後、国会における審議を経て、5月23日に成立、同月30日に公布された（平成26年5月30日法律第44号）。

　本章においては、今般の改正の経緯、改正の概要等について、解説を行うこととしたい。

1　改正の経緯

　今般の改正は、家計の金融資産を成長マネーに振り向けるための施策をはじめとする「日本の金融・資本市場の総合的な魅力の向上策」を整備することで、成長戦略を金融面から加速・強化する趣旨である。

　具体的には、

① 投資型クラウドファンディングの利用促進、新たな非上場株式の取引制度、金商業者の事業年度規制の見直しによる新規・成長企業へのリスクマネー供給促進等

② 新規上場に伴う負担の軽減、上場企業の資金調達の円滑化等による新規上場の促進や資金調達の円滑化等

③　ファンド販売業者に対する規制の見直し、金融指標に係る規制の導入、電子化された株券等の没収手続の整備による市場の信頼性確保等の施策を盛り込んでいる。以下、主な改正項目の経緯について解説する。

(1) 投資型クラウドファンディングに係る制度整備

　我が国は、世界で通用する技術やアイデアがあると言われているにもかかわらず、起業や新規ビジネスの創出という側面から見ると、米国をはじめとした世界のトップレベルに伍する成功を遂げているとは言い難い状況にある。こうした起業や新規ビジネスの創出をめぐる日米格差の要因の一つとして、新規・成長企業に対するリスクマネーの供給不足という問題があるのではないか、との指摘がある。

　この問題に対応し、我が国における起業や新規ビジネスの創出を活性化させていく観点からは、政策面において、アーリーステージの新規・成長企業に対するリスクマネーの供給を促進するための取組みを、これまで以上に幅広く展開していくことが重要である。

　こうした問題意識の下、平成25年6月5日、金融担当大臣は金融審議会に対して、①「新規・成長企業へのリスクマネー供給のあり方」、②「事務負担の軽減など新規上場の推進策」、③「上場企業等の機動的な資金調達を可能にするための開示制度の見直し」、④「その他、近年の金融資本市場の状況に鑑み、必要となる制度の整備」について検討を行うよう諮問した。

　これを受けて、金融審議会に設置された「新規・成長企業へのリスクマネーの供給のあり方等に関するワーキング・グループ」(以下「WG」という)において、平成25年6月から計11回にわたり審議が行われ、同年12月20日に最終報告(以下「WG報告書」という)が取りまとめられ、平成26年2月24日、金融審議会総会・金融分科会合同会合において報告・承認された。

　WG報告書においては、新規・成長企業へのリスクマネーの供給促進策の一つとして、投資型クラウドファンディングに係る制度整備が提言されている。

(2) 新たな非上場株式の取引制度

WG報告書においては、新規・成長企業へのリスクマネーの供給促進策の一つとして、前述の投資型クラウドファンディングに係る制度整備のほかに、非上場株式の取引・換金のための枠組みとして、新たな非上場株式の取引制度の創設も掲げられている。

第一種金融商品取引業者を通じて非上場株式の売買を行う既存の制度としては、日本証券業協会が運営するグリーンシート銘柄制度がある。このグリーンシート銘柄制度については、近年、利用企業数が減少し、売買も大幅に低迷している状況にある。

他方で、地域に根差した企業などの非上場株式については、一定の取引ニーズ・換金ニーズが存在しており、こうしたニーズに的確に応える必要があることから、WG報告書においては、新たな非上場株式の取引制度を構築することが提言された。

(3) 金融商品取引業者の事業年度規制の見直し

金融商品取引業者のうち、第一種金融商品取引業者については、外国法人を除き、事業年度を4月1日から翌年3月31日までとすることが義務付けられていた。この規制については、近年、主に本国では12月決算となっている外資系の証券会社から、決算書類作成等の事務負担が重複しているとして、事務負担の軽減を求める声が上がっていた。

こうした状況を踏まえ、平成25年12月13日に公表された金融・資本市場活性化有識者会合による「金融・資本市場活性化に向けての提言」の中で、「金融商品取引法上規定されている金融商品取引業者の事業年度の始期及び終期が、海外の機関投資家や証券会社の会計年度の始期及び終期とは異なることがあることを踏まえ、これらの業者の対応負担の軽減を図るよう、金融商品取引業者の事業年度規制を見直すべきである」との提言がなされた。

(4) 新規上場に伴う負担の軽減

新規・成長企業に対するリスクマネーの供給促進を図る観点からは、新

規上場が視野に入った新規・成長企業の上場に係る障壁をできるだけ低くする施策も重要と考えられた。

新規・成長企業が新規上場を躊躇する要因として、特に、内部統制報告書の提出に係る負担が重いことがあげられるとの指摘があることから、WG報告書においては、新規上場企業の内部統制報告書の提出義務に係る負担を軽減するため、「新規上場後、例えば3年間について、内部統制報告書に係る監査義務を免除することが適当」との提言がなされた。

(5) 上場企業の資金調達の円滑化等

WGでは、近年の金融資本市場の状況を踏まえ、企業の成熟ステージにおける課題として、上場企業や投資者が負う金融商品取引法上の義務が過大となっていないかについても、検討が行われ、関連する諸制度についての見直しが提言されている。具体的には、①大量保有報告制度、②流通市場における虚偽記載等に係る賠償責任について、これらの見直しが提言された。

(6) ファンド販売業者に対する規制の見直し

平成25年4月、第二種金融商品取引業を行う金融商品取引業者である米国法人であって、米国において行う診療報酬請求債権の購入及び回収事業から生じる利益の一部を配当することを内容とするファンド持分の販売勧誘を実施していたMRI INTERNATIONAL, INC.（以下「MRI」という）について、少なくとも平成23年以降において、顧客からの出資金を分別管理せず、同社の意のままに入出金し、出資金の大部分が事業に用いられることなく他の顧客への配当金及び償還金の支払いに充てられていたという実態が判明した。

これを踏まえ、証券取引等監視委員会は、MRIについて、顧客からの出資金を流用する行為等、顧客に対する虚偽告知等があったとし、行政処分を求める勧告を行い、関東財務局は同社に対する行政処分（登録取消し、業務改善命令）を行った。

かかるMRI事案等を踏まえたファンド販売業者に対する規制の見直し

として、①ファンド資産の流用防止、②ファンド販売業者等の国内拠点設置等義務付け、③自主規制機関である協会への加入促進のための措置をとることとされ、金融商品取引業者等について、④登録拒否逃れの防止のための措置をとることとされた。

(7) 金融指標に係る規制の導入

LIBOR（London Interbank Offered Rate）[注1]等の不正操作事案を受けて、金融指標の信頼性に疑念が生じたことを契機として、データの呈示者に不正操作を行うインセンティブがあること等の問題が提起され、国際的に金融指標に係る公的規制の導入について検討が行われることとなった。

各国で金融機関に対する金融指標の不正操作に係る調査・処分が行われる中、平成25年7月に証券監督者国際機構（International Organization of Securities Commissions：IOSCO）[注2]は、「金融指標に関する原則の最終報告書」（Principles for Financial Benchmarks - Final Report）の中で、金融市場で利用されている指標について、その算出者のガバナンス、指標の品質、指標の算定手法の品質、算出者の説明責任に関する19の原則（以下「IOSCO原則」という）を公表した。

こうした中、我が国においては、金融指標の規制の枠組みについて、実務家を中心とするメンバーによる技術的・実務的な検討を行うため、「金融指標の規制のあり方に関する検討会」が設置され、平成25年12月25日に議論の取りまとめ（以下「検討会報告書」という）が公表された[注3]。検討会報告書においては、我が国にも算出者のガバナンスの強化、算出プロセスの透明性の向上等を図る公的規制の枠組みが必要であること、また、呈示者に対しても、何らかの形で規律を設ける必要があることが指摘された。さらに、その信頼性の確保を図ることが我が国の金融・資本市場にとって重要であること等を考慮して、まずはTIBOR（Tokyo Interbank Offered Rate）[注4]を規制対象とすることを基本に据えることが提言された。

(注1) ロンドン銀行間取引市場における資金取引の市場実勢を示す指標金利。
(注2) IOSCOは、世界各国・地域の証券監督当局、証券取引所等から構成される国際的な機関。加盟機関の総数は、普通会員（Ordinary Member：証券監督当局）、

準会員（Associate Member：その他当局）及び協力会員（Affiliate Member：自主規制機関等）あわせて200機関（2014年10月末現在）となっている。
(注3) 検討会報告書の全文は、金融庁のウェブサイトに掲載されている（http://www.fsa.go.jp/singi/shihyo/houkokusyo/20131225/01.pdf）。
(注4) 東京の短期金融市場において銀行間で行われる資金取引の市場実勢を示す指標金利。

(8) 電子化された株券等の没収手続の整備

　平成25年11月22日、イー・アクセス株式に係るインサイダー取引事件についての東京地裁判決において、金融商品取引法に無体財産の没収に係る手続規定がないことから、犯人が取得した株式（電子化された株券）を没収することができず、また、追徴額は財産の取得時の価額を基準に計算されるため、追徴を科しても犯人の手元に値上がり分の利得が残ってしまうという現行制度の不都合性が指摘された。

　同判決では、株式の振替制度が法定されたことにより、従前は動産として没収可能であった株券が電子化されて無体財産となったことから、かかる電子化された株券等の没収に備えて金融商品取引法に手続規定を新設する等の立法上の手当てを行うべきであったとの指摘がなされた。こうした事情を背景として、金融商品取引法において電子化された株券その他の無体財産の没収を実務上可能にするため、金融商品取引法に無体財産の没収に係る手続規定を設けることとした。

(9) 改正案の策定から公布まで

　こうした各方面での議論・取組等を踏まえつつ、法律上の手当てが必要なものについて、法律案の策定作業が進められた後、平成26年3月14日に「金融商品取引法等の一部を改正する法律案」が閣議決定され、同日国会（第186回国会（常会））に提出された。

　同法律案は、衆議院財務金融委員会における審議を経て（衆議院財務金融委員会においては、附帯決議が付されている[注1]）、平成26年5月13日の衆議院本会議において賛成多数で可決され、参議院に送付された。その後、

参議院財政金融委員会における審議を経て（参議院財政金融委員会においても、附帯決議が付されている。(注2)）、同年5月23日に参議院本会議において賛成多数で可決されたことをもって成立、同月30日に公布された（平成26年法律第44号）。

（注1）　政府は、次の事項について、十分配慮すべきである旨の附帯決議が付された。
・　金融資本市場を取り巻く環境が大きく変化する中、近時における第二種金融商品取引業者による法令違反行為などの実態も踏まえ、実効性のある投資者・利用者保護を図る観点から、金融商品取引業者等に対する検査及び監督を強化すること。その際、地域の金融商品取引業者等の検査及び監督を主に担当する財務局も含め、優秀な人材の確保と職員の専門性の向上を図るとともに、必要な定員の確保、高度な専門的知識を要する職務に従事する職員の処遇の改善、機構の充実及び職場環境の整備に努めること。
・　いわゆる投資型クラウドファンディングについては、新規・成長企業への適切な資金の流れを確保し、制度に対する投資者の信頼を確保するとともに、悪質業者による資金集めの場となることを防止するため、投資型クラウドファンディング業者による、発行者に対する財務状況・事業計画の内容・資金使途等の適切な確認等のデューデリジェンス及びインターネットを通じた適切な情報提供等のための体制整備について適確に監督を行うとともに、必要な定員・機構の確保を図ること。また、資金受入れ後の事業等の状況等についても、投資者に対する適時適切な情報提供が確保されるよう配意すること。
・　投資者が、新規・成長企業への投資に関するリスク等を十分に把握できないことにより不測の損害を被ることのないよう、投資者に対する注意喚起及び理解啓発に努めるとともに、投資被害の多くが電話・訪問によるものであることを踏まえ、投資型クラウドファンディングにおいては、電話・訪問を用いた勧誘ができないことを明確化すること。
・　無登録業者による未公開株やファンドによる被害が後を絶たないことに鑑み、国内・海外を問わず、投資型クラウドファンディングを含め、無登録業者に対する監視等を強化すること。
・　総合取引所についての規制・監督を一元化する改正金融商品取引法が本年三月に施行されたことを踏まえ、我が国市場の国際競争力の強化及び市場参加者の利便性の向上を図る観点から、総合取引所を早期に実現するよう取り組むこと。
・　いわゆる官民ファンドについては、金融商品取引法の適用対象であるかどうかを問わず、各ファンドの運営状況、ガバナンス、投資対象の適格性等について、所管省庁において適切に監視すること。
（注2）　政府は、次の事項について、十分配慮すべきである旨の附帯決議が付された。

- 実体経済を支えつつ、成長産業として経済をリードするという我が国金融業が果たすべき役割を踏まえ、金融機能の安定、市場の公正、利用者の保護等に万全を期すとともに、我が国金融資本市場の国際的な魅力を高め、アジアのメインマーケットたる市場を実現するための取組を推進すること。
- 新規・成長企業に対するリスクマネーの供給が円滑に行われるためには、金融資本市場に対する投資者の信頼感の確保が必要であることに鑑み、投資型クラウドファンディングに係る制度の運用に当たっては、詐欺的な行為に悪用されることを防ぐため、仲介者となる業者による、発行者に対するデューデリジェンス及びインターネットを通じた情報提供が適切に行われるよう適確な監督を行うとともに、必要な定員・機構の確保を図ること。また、資金受入れ後の企業の事業状況等についても、適時適切に情報提供されるよう配慮するとともに勧誘ルールを明確化するなど、投資者に対する注意喚起及び理解啓発に努めるほか、自主規制機関などの関係者との連携強化を図りつつ、投資者保護の確保に万全を期すこと。
- ファンドを販売する金融商品取引業者等における問題事案の再発を防止するため、自主規制機関と連携しつつ、本法による行為規制の強化等を厳正に運用するとともに、実効性ある投資者保護に資する対策を引き続き検討すること。その際、自主規制機関における加入促進に向けた取組についても配慮すること。

  また、無登録業者による未公開株やファンドの勧誘をめぐる被害が後を絶たないことに鑑み、国内・海外を問わず、無登録業者に対する監視等を強化すること。
- 証券・金融と商品を一体として取り扱う総合取引所の創設が、我が国市場の国際競争力の強化及び利用者利便の向上を図るために重要な取組であることに鑑み、総合取引所についての規制・監督を一元化する改正金融商品取引法が本年三月に施行されたことも踏まえ、その早期実現に向けて取引所等の関係者に対し更なる検討を促すなど、金融庁、農林水産省及び経済産業省が連携して対応を強化すること。
- 金融資本市場を取り巻く環境が大きく変化する中、近時における第二種金融商品取引業者による法令違反行為などの実態も踏まえ、実効性のある投資者・利用者保護を図る観点から、金融商品取引業者等に対する検査及び監督を強化すること。その際、地域の金融商品取引業者等の検査及び監督を主に担当する財務局も含め、優秀な人材の確保と職員の専門性の向上を図るとともに、必要な定員の確保、高度な専門的知識を要する職務に従事する職員の処遇の改善、機構の充実及び職場環境の整備に努めること。

2 改正の概要

(1) 改正の全体像（図表参照）

　改正法は、市場の活性化、市場の信頼性を確保するため、以下の措置等を講じるものである。

(i)　投資型クラウドファンディングの利用を促進するため、①少額（募集総額1億円未満、一人当たり投資額50万円以下とすることを予定）の投資型クラウドファンディングを取り扱う金融商品取引業者の参入要件を緩和、②インターネットを通じた投資勧誘において詐欺的行為等が行われることを排除するための行為規制を導入などの措置を講じる。

(ii)　新たな非上場株式の取引制度の創設として、非上場株式の取引・換金ニーズに応える新たな取引制度を設けるに当たり、限定された投資家間での流通に留めることから、現行のグリーンシート銘柄制度とは異なり、通常の非上場株式と同様の規制を適用するための措置を講じる。

(iii)　金融商品取引業者の事業年度規制の見直しとして、「4月1日から3月31日まで」に限定されている現行の事業年度について、金融商品取引業者ごとに異なる設定をすることを許容する。

(iv)　新規上場に伴う負担の軽減として、新規上場後の一定期間に限り、「内部統制報告書」に対する公認会計士監査の免除を選択可能とする。

(v)　上場企業の資金調達の円滑化等として、①上場企業が自社株を取得・処分する場合には、「大量保有報告書」の提出を不要（大量保有報告制度の対象となる株式から自社株を除外する）とする、②虚偽の開示を行った上場企業が流通市場の投資家に負う損害賠償責任を見直す（「無過失責任」から「過失責任」への変更等）などの措置を講じる。

(vi)　ファンド販売業者に対する規制の見直しとして、①第二種金融商品取引業者が、ファンドに出資された金銭が目的外に流用されていることを知りながら、その募集の取扱いを行うこと等を禁止する、②第二種金融商品取引業者について、国内拠点の設置等を義務付ける。

(vii)　金融指標に係る規制の導入として、特定の金融指標の算出者に対する指定制度を設け、指定を受けた算出者に対し、「業務規程」の作成・

遵守等を義務付けるとともに、検査・監督の枠組みを整備する。
(viii) 電子化された株券等の没収手続の整備として、不公正取引等により取得した財産の没収手続について、没収の対象が電子化された株券その他の無体財産である場合の規定を整備する。

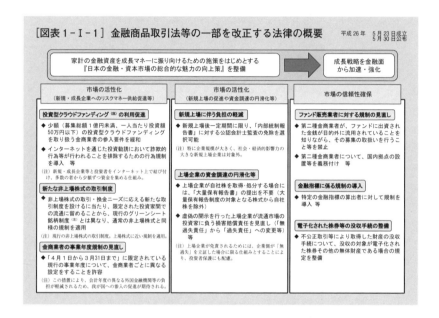

Ⅱ 改正の全体像

1 投資型クラウドファンディングに係る制度整備

改正法では、以下の①又は②に掲げる行為を「第一種少額電子募集取扱業務」と規定し、第一種金融商品取引業のうち第一種少額電子募集取扱業務のみを行う旨を登録申請書に記載して登録又は変更登録を受けた者(「第一種少額電子募集取扱業者」)について、兼業規制、標識の掲示義務や自己資本規制比率等の適用を除外することとした(「第二種少額電子募集取扱業者」についても基本的に同様)。

① インターネットを通じて行われる募集の取扱い等(「電子募集取扱業務」)のうち、非上場の株券等の募集の取扱い又は私募の取扱いであって、当該株券等の募集総額や投資者一人当たり投資額が政令で定める少額要件(募集総額1億円未満、投資者一人当たり投資額50万円以下とすることを予定)を満たすもの

② ①の電子募集取扱業務に関して顧客から金銭の預託を受けること

また、改正法では、金融商品取引業者及び登録金融機関に対し、

・ その行う金融商品取引業又は登録金融機関業務を適確に遂行するため、必要な業務管理体制を整備することを義務付けるとともに、

・ 一定の有価証券について電子募集取扱業務を行うときは、契約締結前交付書面に記載する事項のうち投資者の判断に重要な影響を与える事項について、インターネットを通じて投資者が閲覧できる状態に置くことを義務付ける

こととした。

2 新たな非上場株式の取引制度

改正法による改正前の金商法(以下「改正前金商法」という)においては、店頭売買有価証券を除く非上場の有価証券については、取扱有価証券であ

ればインサイダー取引規制及び相場操縦等規制の適用対象とされ、取扱有価証券以外であればインサイダー取引規制及び相場操縦等規制の適用対象外とされていた。

　改正法では、認可協会の「規則において流通性が制限されていると認められる有価証券として内閣総理大臣が定めるもの」を取扱有価証券から除くこととした。

3　金融商品取引業者の事業年度規制の見直し

　改正前金商法において、第一種金融商品取引業者は、外国法人を除き、事業年度を「4月1日から翌年3月31日まで」とすることが義務付けられていた。

　本改正では、かかる第一種金融商品取引業者の事業年度規制を廃止し、「各月の初日のうち当該金融商品取引業者の選択する日から、当該日から起算して1年を経過する日まで」とすることで、業者ごとに異なる事業年度を設定することを許容することとした。

4　新規上場の促進や資金調達の円滑化等のための制度整備

(1)　新規上場企業が提出する内部統制報告書に係る監査の免除

　新規・成長企業が上場を躊躇する要因の一つとして内部統制報告書提出に係る負担が重いとの指摘を踏まえ、新規上場に伴う負担の軽減策として、内部統制報告書の提出に係る負担を一定程度軽減することとした。

　改正法では、新規上場会社は新規上場に当たって金融商品取引所の厳格な審査を受けていることや、新規上場後3年程度は多くの企業において企業規模が変わらないことなどを踏まえ、新規上場後3年間に限り、内部統制報告書に係る監査義務を免除することとした。

　ただし、その規模等に照らし、市場への影響や社会・経済的影響が大きいと考えられる企業については、内部統制が適正に機能していることを特に厳格にチェックする必要性が高いと考えられることから、新規上場企業であっても、内部統制報告書に係る監査義務の免除の対象外（免除の対象となる上場会社等については、内閣府令において、資本金100億円未満かつ負

債総額1,000億円未満の上場会社等に限ることが想定されている）としている。

(2) 訂正発行登録書の提出に係る見直し

改正法では、発行登録書に参照書類として記載した継続開示書類の提出期限が記載されている場合であって、当該提出期限までに継続開示書類が提出された場合には訂正発行登録書の提出は不要としている。

(3) 大量保有報告制度の見直し

改正法では、大量保有報告書の提出者の負担軽減等を図る観点から、大量保有報告制度の対象となる株券等から自己株式を除外する、短期大量譲渡報告制度における記載事項から僅少な株券等の譲渡先の情報（氏名又は名称）を除外する、変更報告書の同時提出義務を廃止する、開示用電子情報処理組織（以下「EDINET」という）を通じて提出された大量保有報告書等について発行者への写しの送付義務を免除する等の措置を講じている。

(4) 有価証券報告書等の虚偽記載に係る損害賠償責任の見直し

有価証券報告書等の提出会社は、提出した有価証券報告書等に虚偽の記載があった場合には、当該虚偽記載について提出会社が無過失であっても、当該提出会社の発行する有価証券を取得した投資者が当該虚偽記載により被った損害について賠償する責任を有するとされている。この点について、課徴金制度の充実や内部統制報告制度の導入などの制度整備が進んだ現在では、提出会社に過大な負担を負わせているのではないかとの指摘がある。

改正法では、提出会社の損害賠償責任について、これまでの無過失責任を過失責任に改める一方で、投資者の訴訟に係る負担を考慮して立証責任を転換し、提出会社が無過失であることを立証した場合には、損害賠償の責めを負わないこととした。

また、企業の業績を悪く見せる虚偽記載が行われる可能性を考慮し、虚偽記載のある有価証券報告書等が公衆縦覧に供されている間に有価証券を売却した投資者も損害賠償責任を追及することができることとした。

5 ファンド販売業者に対する規制の見直し

平成25年4月、第二種金融商品取引業を行う金融商品取引業者である米国法人であって、米国において行う診療報酬請求債権の購入及び回収事業から生じる利益の一部を配当することを内容とするファンド持分の販売勧誘を実施していたMRIについて、少なくとも平成23年以降において、顧客からの出資金を分別管理せず、同社の意のままに入出金し、出資金の大部分が事業に用いられることなく他の顧客への配当金及び償還金の支払いに充てられていたという実態が判明した。

これを踏まえ、証券取引等監視委員会は、MRIについて、顧客からの出資金を流用する行為等、顧客に対する虚偽告知等があったとし、行政処分を求める勧告を行い、関東財務局は同社に対する行政処分（登録取消し、業務改善命令）を行った。

かかるMRI事案等を踏まえたファンド販売業者に対する規制の見直しとして、①ファンド資産の流用防止、②ファンド販売業者等の国内拠点設置等義務付け、③自主規制機関である協会への加入促進のための措置をとることとされ、金融商品取引業者等について、④登録拒否逃れの防止のための措置をとることとした。

6 金融指標に係る規制の導入

(1) 特定金融指標算出者に対する指定制度の導入

改正法において、第5章の7を新設し、金融指標に係る規制を導入することとした。具体的には、公的規制の対象となる金融指標を「特定金融指標」と定め、その算出者を「特定金融指標算出者」として指定し、一定の規制・監督の枠組みを適用することとした。この新たな指定制度の下、特定金融指標算出者のガバナンスの強化や説明責任の履行等を求める観点から、特定金融指標算出者に、IOSCO原則に沿った記載事項を内容とする業務規程の作成・遵守を求めている。また、規制の実効性を確保するため、特定金融指標算出者に対する報告徴取・立入検査等の検査・監督の枠組みを整備することとした。

(2) 呈示者に対する規律

改正法においては、上記のとおり、特定金融指標算出者に対し業務規程の作成・遵守を求めることとしている。特定金融指標算出者は、業務規程に従い、特定金融指標のデータの呈示者との間で、当該呈示者が遵守すべき事項を定めた「行動規範」（Code of Conduct）を内容とする契約を締結することが予定されている。これにより、呈示者に対しては、直接的な規制ではなく、特定金融指標算出者を通じて間接的に規律付ける枠組みを整備することとした。また、既に金融商品取引法で規制が課されている金融商品取引業者等については、これらの者が特定金融指標のデータの呈示に関して不正行為を行うことを新たに禁止行為として定め、違反行為について、罰則を設けることとした。

7 電子化された株券等の没収手続の整備

金商法において、不公正取引（インサイダー取引、相場操縦等）や、顧客が金融商品取引業者等から損失補てんを受ける行為は罰則の対象とされており、これらの行為により犯人等が得た財産については必要的没収の規定が置かれているが、当該財産が電子化された株券その他の無体財産である場合には、金商法において無体財産の没収に係る手続規定がないため、実務上はその価額を追徴するという扱いをしてきた。

本改正は、金商法において電子化された株券その他の無体財産の没収を可能にするため、金商法に無体財産の没収に係る手続規定を新たに設けるというものである。

8 その他の改正事項（金融商品取引所の業務の追加）

金融取引の実態を効率的・効果的に把握するため、金融取引主体に世界共通の方式で付番する国際的な取組みが進展している。諸外国では取引所が付番業務を行っている実例があることを踏まえ、金融商品取引所の業務範囲の一つとして「付番業務」を追加する。

9　施行日

改正法の施行日については、関係者の準備期間等を踏まえ、原則、公布後1年以内の政令で定める日から施行することとしている。ただし、以下の事項については、それぞれ記載する時期に施行されている。

(1)　公布日施行

「金融商品取引所の業務の追加」に係る規定については、金融商品取引所からみて規制の緩和であり、その効果を最大限迅速に施行する必要があるため、公布日（平成26年5月30日）から施行されている。

(2)　公布後6月以内施行

①金融商品取引業者の事業年度規制の見直し、②電子化された株券等の没収手続の整備、に係る規定については、公布後6月以内の政令で定める日（平成26年11月29日）から施行されている。

第2部

主な改正事項のねらいと要点

I 投資型クラウドファンディングに係る制度整備

1 改正の背景

　第1部Ⅰ1(1)において既述のとおり、平成25年12月20日、「金融審議会　新規・成長企業へのリスクマネーの供給のあり方等に関するワーキング・グループ」において取りまとめられた最終報告（「WG報告書」）においては、新規・成長企業へのリスクマネーの供給促進策の一つとして、投資型クラウドファンディングに係る制度整備が掲げられており、概要、以下の提言がなされた。

- リスクマネーの供給促進という観点から、できるだけ仲介者にとって参入が容易であり、かつ、発行者にとって負担が少ない制度設計とするとともに、
- 投資型クラウドファンディングが詐欺的な行為に悪用され、ひいては投資型クラウドファンディング全体に対する信頼感が失墜することのないよう、投資者保護のための必要な措置を講じること

2 改正の概要

(1) 仲介者の参入要件の緩和等

　一般に、クラウドファンディングとは、「新規・成長企業等と資金提供者をインターネット経由で結び付け、多数の資金提供者から少額ずつ資金を集める仕組み」を指すものとされており、投資型クラウドファンディングとは、そのうち、資金需要者である新規・成長企業等が資金提供者に対して株式やファンド持分等の有価証券を発行するものを指す。

　WG報告書においては、投資型クラウドファンディングを通じてリスクマネーの供給促進を図るためには、できるだけ仲介者にとって参入が容易な制度とすることが重要であり、このような観点から、「現行の第一種金融商品取引業及び第二種金融商品取引業について、登録の特例を設けるこ

とが望ましい」と提言されている。また、その際、投資者保護の観点を考慮に入れ、募集総額や投資者一人当たり投資額の上限を設けるとともに、金融商品取引業者が（第一種金融商品取引業又は第二種金融商品取引業のうち）インターネットを通じて行われる有価証券の募集の取扱い又は私募の取扱いに特化することを条件とするなど、「限定的な範囲で特例を設けることが適当である」と提言されている。

　これを踏まえ、改正法では、

① インターネットを通じて行われる有価証券の募集の取扱い等（「電子募集取扱業務」）のうち、非上場の株券又は新株予約権証券の募集の取扱い又は私募の取扱いであって、当該株券又は新株予約権証券の募集総額や投資者一人当たり投資額が政令で定める少額要件（募集総額1億円未満、投資者一人当たり投資額50万円以下とすることを予定）を満たすもの、又は

② ①の電子募集取扱業務に関して顧客から金銭の預託を受けること

を「第一種少額電子募集取扱業務」と規定し、第一種金融商品取引業のうち第一種少額電子募集取扱業務のみを行う旨を登録申請書に記載して登録又は変更登録を受けた者（「第一種少額電子募集取扱業者」）について、兼業規制、標識の掲示義務や自己資本規制比率等の適用を除外することとした。また、改正法では、「第二種少額電子募集取扱業務」及び「第二種少額電子募集取扱業者」についても規定し、当該業者について標識の掲示義務の適用を除外することとした。なお、第一種少額電子募集取扱業者および第二種少額電子募集取扱業者については、政令において、最低資本金の額をそれぞれ1,000万円、500万円に引き下げることを予定している。

(2) 投資者保護のためのルールの整備

　投資型クラウドファンディングがインターネットを通じて手軽に多数の者から資金を調達できる仕組みであることを踏まえると、詐欺的な行為に悪用されることのないよう、制度的な工夫が必要と考えられる。このような観点からWG報告書においては、インターネットを通じて募集の取扱い等を行う金融商品取引業者に対して、「発行者に対するデューデリジェ

ンス及びインターネットを通じた適切な情報提供等のための体制整備、並びにインターネットを通じた発行者や仲介者自身に関する情報の提供を義務付けるとともに、当該情報の提供を怠った場合等における罰則を整備することが適当である」と提言された。

これを踏まえ、改正法では、金融商品取引業者及び登録金融機関に対し、
・ その行う金融商品取引業又は登録金融機関業務を適確に遂行するため、必要な業務管理体制を整備することを義務付けるとともに、
・ 一定の有価証券について電子募集取扱業務を行うときは、契約締結前交付書面に記載する事項のうち投資者の判断に重要な影響を与える事項について、インターネットを通じて投資者が閲覧できる状態に置くことを義務付ける

こととした。なお、整備が求められる業務管理体制の内容や、投資者に提供することが求められる情報の内容については、今後、内閣府令において規定する予定であるが、投資型クラウドファンディングを行う業者に対しては、例えば、業務管理体制として「発行者やその事業計画を審査するた

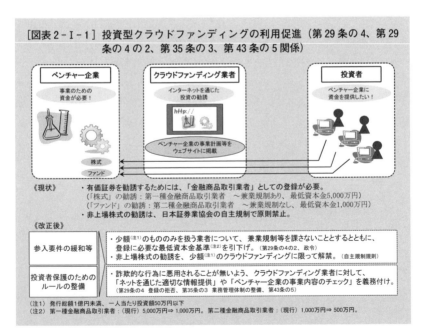

[図表2-I-1] 投資型クラウドファンディングの利用促進（第29条の4、第29条の4の2、第35条の3、第43条の5関係）

めの措置がとられていること」等を求める予定である。

Ⅱ 新たな非上場株式の取引制度

1 改正の背景

　第1部Ⅰ1(2)において既述のとおり、グリーンシート銘柄制度については、近年、利用企業数が減少し、売買も大幅に低迷している現状にあるが、その要因の一つとして、発行者に対して上場企業と大差ない負担（インサイダー取引規制及びそれに伴う適時開示義務や、上場企業に準じた開示義務）が課されていることが指摘されている。このような観点から WG 報告書においては、新たな非上場株式の取引制度を創設するに当たっては、「市場のような高度の流通性を持たせない仕組みを設けることにより、高度の流通性を付与することに伴って必要となる開示義務等の発行者に対する負担を、極力軽減することが適当である」と提言されている。
　これを踏まえ、日本証券業協会において、証券会社が非上場株式の銘柄ごとに「投資グループ」を組成し、当該グループのメンバーのみへの投資勧誘を認める制度の創設に向けた検討が進められている。

2 改正の概要

　改正法では、認可協会の規則において流通性が制限されていると認められる有価証券として内閣総理大臣が定めるものについては、一般投資家に広く流通する可能性は限定的であると考えられることから、（インサイダー取引規制等の適用対象である）取扱有価証券の定義から除くこととした。したがって、今後、日本証券業協会によって創設される新たな非上場株式の取引制度において取引される有価証券が、当該協会の規則によって流通性が制限されていると認められる有価証券として内閣総理大臣の指定を受ければ、当該有価証券は取扱有価証券には該当しないこととなり、インサイダー取引規制の適用が除外されることとなる。

2　改正の概要　25

[図表2-Ⅱ-1] 新たな非上場株式の取引制度（第67条の18関係）

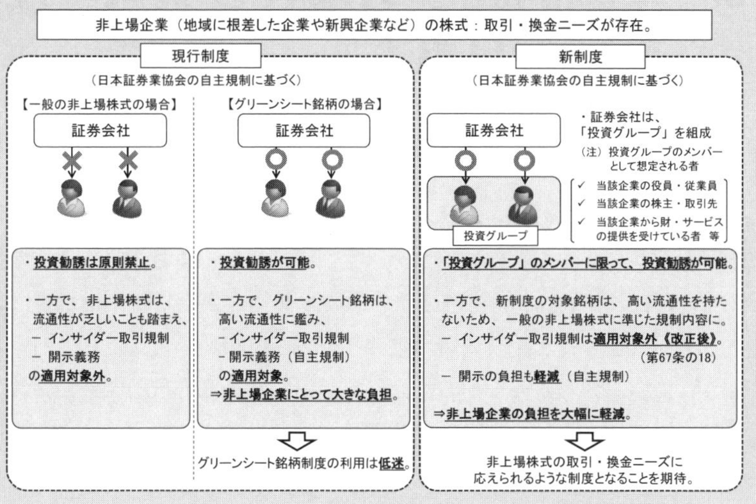

非上場企業（地域に根差した企業や新興企業など）の株式：取引・換金ニーズが存在。

現行制度
（日本証券業協会の自主規制に基づく）

【一般の非上場株式の場合】

証券会社

- 投資勧誘は原則禁止。

- 一方で、非上場株式は、流通性が乏しいことも踏まえ、
  - インサイダー取引規制
  - 開示義務
  の適用対象外。

【グリーンシート銘柄の場合】

証券会社

- 投資勧誘が可能。

- 一方で、グリーンシート銘柄は、高い流通性に鑑み、
  - インサイダー取引規制
  - 開示義務（自主規制）
  の適用対象。
  ⇒非上場企業にとって大きな負担。

⇩
グリーンシート銘柄制度の利用は低迷。

新制度
（日本証券業協会の自主規制に基づく）

証券会社

投資グループ

- 証券会社は、「投資グループ」を組成
  （注）投資グループのメンバーとして想定される者
  ✓ 当該企業の役員・従業員
  ✓ 当該企業の株主・取引先
  ✓ 当該企業から財・サービスの提供を受けている者　等

- 「投資グループ」のメンバーに限って、投資勧誘が可能。

- 一方で、新制度の対象銘柄は、高い流通性を持たないため、一般の非上場株式に準じた規制内容に。
  - インサイダー取引規制は適用対象外《改正後》。
    （第67条の18）
  - 開示の負担も軽減（自主規制）

⇒非上場企業の負担を大幅に軽減。

非上場株式の取引・換金ニーズに応えられるような制度となることを期待。

Ⅲ 金融商品取引業者の事業年度規制の見直し

1 改正の背景

　金融商品取引業者のうち、第一種金融商品取引業者については、統一的な監督を行う必要から、外国法人を除き、事業年度を4月1日から翌年3月31日までとすることが義務付けられており[注]、かかる規則を前提として、事業報告書の提出や説明書類の公衆縦覧を「事業年度ごとに」行うこととされている。しかしながら、かかる第一種金融商品取引業者に対する事業年度規制は、外国の証券会社等が日本に現地法人を設立して業務を行う場面において、しばしば過重な事務負担を生じさせていた。例えば、12月期決算を採用している外国の証券会社が日本に現地法人を設立して業務を行う場合、日本の当局との関係では、金商法で定める事業年度に合わせた3月期決算（国内基準）の計算書類等を作成する必要がある一方で、本国との関係では、親会社の決算期に合わせた12月期決算（本国基準）の計算書類等を作成する必要が生じることになる。このような事務負担の軽減を求める声が、近年、外資系の証券会社を中心に挙がっていた。

　また、四半期決算が導入され、上場企業の決算期も3月期決算から分散する傾向にある中、第一種金融商品取引業者の決算期を3月期決算に統一しておく監督上の必要性は減少しつつあった。

　こうした事情を背景として、平成25年12月13日に公表された金融・資本市場活性化有識者会合による「金融・資本市場活性化に向けての提言」の中で、「金融商品取引法上規定されている金融商品取引業者の事業年度の始期及び終期が、海外の機関投資家や証券会社の会計年度の始期及び終期とは異なることがあることを踏まえ、これらの業者の対応負担の軽減を図るよう、金融商品取引業者の事業年度規制を見直すべきである」との提言がなされた。

(注) 第一種金融商品取引業者以外の金融商品取引業者（第二種金融商品取引業者、投資助言・代理業者、投資運用業者）については、金融商品取引法上、事業年度に関する特段の規制は設けられていない。

2 改正の概要

改正法では、第一種金融商品取引業者の事業年度について、「各月の初日のうち当該金融商品取引業者の選択する日から、当該日から起算して1年を経過する日まで」と規定することとした（改正法による改正後の法46条本文）。本改正により、第一種金融商品取引業者は任意の月を選択してその初日を始期とする1年間を事業年度とすることができるようになるため、会計年度の異なる外国の証券会社等の負担が軽減され、我が国への参入促進が容易になることが期待される。

ただし、改正法の下でも、第一種金融商品取引業者は1年を超える期間又は1年未満の期間を事業年度の期間とすることはできず[注]、また、各月の初日以外の日を事業年度の始期とすることもできない。これは、事業年度の属する時期により損益の振れ幅が生じることや、業者間の比較が著しく困難になることを防止するなど、最低限の監督上の必要性を考慮したものである。なお、第一種金融商品取引業者は、毎月末の自己資本規制比率を規制当局に届け出るとともに、四半期の末日における自己資本規制比率を公衆縦覧に供することが義務付けられており（法46条の6）、事業年度を各月の初日から開始する1年とすることは、かかる自己資本規制とも整合する。

(注) 第一種金融商品取引業者は株式会社であることが要件とされているところ（法29条の4第1項5号イ）、株式会社が1年を超える期間を事業年度の期間とすることは、会社法により禁止されている（会社計算規則（平成18年法務省令第13号）59条2項）。

3 外国法人の取扱い

改正前金商法では、外国法人である第一種金融商品取引業者は事業年度規制の適用除外とされており、事業年度の始期と終期を自由に設定できる

が、一方で、事業報告書の提出や説明書類の公衆縦覧については「毎年4月1日から翌年3月31日までの期間ごとに」行わなければならないとされていた。

本改正では、外国法人である第一種金融商品取引業者についても、内国法人と同様、各月の初日のうち当該金融商品取引業者が選択する日から一年としなければならないこととする一方で、事業報告書の提出や説明書類の公衆縦覧については「事業年度ごとに」行えば良いこととした[注]。

(注) 事業年度規制という観点からは、外国法人については規制を強化したことになるが、第一種金融商品取引業者として我が国に参入しようとする外国法人で、1年以外の期間を事業年度の期間とすることや、各月の初日以外の日を事業年度の始期とすることは通常想定されず、実務上特に不都合は生じないと考えられる。

Ⅳ 新規上場の促進や資金調達の円滑化等のための制度整備

1 新規上場企業が提出する内部統制報告書に係る監査の免除

(1) 改正の背景

① 内部統制報告書及び内部統制監査

　改正前金商法では、上場企業は、事業年度ごとに内部統制報告書の提出が求められており、当該内部統制報告書には、内部統制監査を受けることが必要とされている。これは、上場企業の全てに課されるものであるため、新規上場企業であっても、上場後最初の事業年度終了後から、公認会計士又は監査法人による監査証明を受けた内部統制報告書の提出が必要となる。なお、内部統制報告書の監査を受けなければならない者は、法24条1項1号又は2号に掲げる有価証券の発行者であり、法193条の2第1項に規定する財務書類の監査証明を必要とする者とは対象が異なる。

　上場企業の場合、証券市場において広く一般の投資者に株式等が売買されるため、証券市場がその機能を十全に発揮していくために投資者に対して企業情報が適正に開示されることが必要不可欠であるが、特に、企業における財務報告に係る内部統制が有効に機能していない場合には、不適切な開示が行われる可能性が高いと考えられる。このため、内部統制報告書制度は、上場企業に対して、財務報告に係る内部統制体制の構築をさせるため、「内部統制の有効性に関する経営者の評価及びその結果」を毎事業年度ごとに内閣総理大臣に報告させ、企業情報の開示の適正性を確保しようとするものである。なお、提出される内部統制報告書については、虚偽記載について罰則を科すことで、その内容の適正性を確保することとしている。

　こうした企業における内部統制体制の構築の状況は、第三者による内部統制監査により担保されることによって、投資者の投資判断に資すること

となる。内部統制監査は、内部統制報告書に記載されている、企業の財務報告の適正性を確保するための体制に係る「経営者の評価の結果」が適正であるかどうかについて、公認会計士又は監査法人が監査することによって、内部統制報告書の適正性を一層確保するための制度である。

② WGでの審議及びWG報告書の内容

新規・成長企業が新規上場を躊躇する要因として、内部統制報告書の提出に係る負担が重いことが挙げられるとの指摘が従来からなされていた。そこで、WGでは、新規上場を促進するため、内部統制報告書の提出義務に係る負担の軽減ができないかどうかの検討を行った。

まず、内部統制報告書の提出自体については、WG報告書では「上場企業の場合、企業が作成する財務報告に基づき広く一般に株式等が売買されることを踏まえれば、上場企業である以上、経営者が当該財務報告の適正性を担保するために内部統制の有効性を評価し、その結果を報告することは必要であり、新規上場企業であっても、内部統制報告書の提出自体を免除することは適当ではないと考えられる」とされ、内部統制報告書の提出自体を免除することは適当でないとの結論となった。

一方で、内部統制報告書の監査義務について検討したところ、新規上場企業については、①上場審査において、金融商品取引所から、内部管理体制も含めた厳格な上場審査を受けており、主幹事証券会社や公認会計士等も当該内部管理体制をチェックしていること、②新規上場企業は、既存の上場企業に比して、財務負担能力が相対的に低い場合が多いと考えられること、③最も厳格な内部統制報告制度で知られる米国においても、新規上場を促進する観点から、新興成長企業について、内部統制に係る監査を免除する措置が講じられたことなどの事情が存在した。

また、新規上場後の企業内容の変化について確認したところ、多くの企業において、新規上場後3年間程度は、売上や従業員などの企業規模等に大きな変化は見られなかった。

(2) 改正の概要

前述の検討を踏まえ、WG報告書では、「新規上場企業の内部統制報告

書の提出義務に係る負担を軽減するため、新規上場後、例えば3年間について、内部統制報告書に係る監査義務を免除することが適当であると考えられる」との提言が行われた。

また、新規上場会社の中には、事業規模も大きく、複雑な内部統制を有する企業もあり、これらの会社について、内部統制監査を免除することは投資者保護の観点からも適当ではないとの指摘もあったことから、WG報告書では、併せて、「ただし、新規上場企業であっても、その規模等に照らし、市場への影響や社会・経済的影響が大きいと考えられる企業については、内部統制が適切に機能していることを特に厳格にチェックする必要性が高いと考えられることから、こうした企業については、新規上場企業であっても、内部統制報告書に係る監査義務を免除することは適当ではないと考えられる」との提言が行われた。

このため、WG報告書の提言を踏まえ、法第193条の2第2項に、新たに第4号を追加し、資本の額その他の経営の規模が一定の規模（内閣府令において、資本金100億円以上又は負債総額1,000億円以上とすることが想定されている）に達しない新規上場企業に限り、新規上場企業が提出する内部統制報告書に係る監査を新規上場後3年間免除することとした。

2 大量保有報告制度の見直し
(1) 改正の背景

大量保有報告制度は、株券等の保有状況が、経営に対する影響力や市場における需給の観点から、投資者にとって重要な情報であることを踏まえ、当該情報を投資者に提供することを目的として、平成2年に設けられた制度である。

同制度では、株券等の保有者は、株券等保有割合が5％超となった場合に、その日から5営業日以内に大量保有報告書を、その後、株券等保有割合が1％以上変動するなどの重要な事項の変更があった場合に、当該変更があった日から5営業日以内に変更報告書を、それぞれ提出しなければならないこととされている（金商法27条の23第1項、27条の25第1項）。

この点、WGでは、同制度について、「制度導入以降の他の制度におけ

る開示の充実や個人のプライバシー保護に関する意識の高まり、EDINETの整備等の環境変化に必ずしも対処しきれていない部分もあるのではないか」との指摘や、「必ずしも遵守することが容易でない事項も含まれており、本来の制度の趣旨に照らして、過大な事務負担が生じている」との指摘がなされていることを踏まえ、大量保有報告書の提出者の負担軽減を図るための方策について検討が行われ、WG報告書では、各種負担軽減策等についての提言がなされた。改正法では、当該WG報告書の提言の内容等も踏まえ、主として以下の改正を行っている。

(2) 改正の概要
(i) 自己株式の取扱いの見直し

改正前金商法では、大量保有報告制度の対象となる株券等に自己株式が含まれている。このため、上場企業からは、5％超の自己株式を保有する都度、大量保有報告書や、その後の変更報告書の提出が必要とされ、自己株式の取得や処分を伴う資本政策の円滑な実施に支障をきたしているとの指摘がなされていた。

前記のとおり、大量保有報告制度の目的は、株券等の保有状況が、経営に対する影響力や市場における需給の観点から、投資者にとって重要な情報であるため、当該情報を投資者に提供することにある。この点、企業が保有する自己株式については、当該企業は議決権を有さず（会社法308条2項）、経営に対する影響力を行使し得ないため、経営に対する影響力の観点からは、大量保有報告制度により自己株式の保有状況を開示させる有用性は乏しいと考えられる。また、市場における需給に影響を与えるような自己株式の取得や処分が行われる場合には、自己株券買付状況報告書等の金商法における他制度や、取引所の適時開示ルール等により、別途主要な情報が開示されるため、市場における需給の観点からも、大量保有報告制度により自己株式の保有状況を開示させる有用性は乏しいと考えられる。

こうした点に鑑み、改正法では、大量保有報告制度の対象となる株券等から自己株式を除外することとしている（改正法による改正後の法27条の23第4項）。

(ⅱ) 短期大量譲渡報告の記載事項の見直し

改正前金商法では、株券等保有割合が減少したことにより変更報告書を提出する者は、「短期間に大量の株券等を譲渡したもの」として定められた一定の基準に該当する場合には、最近 60 日間の全ての譲渡について、その「相手方及び対価に関する事項」を当該変更報告書に記載しなければならないこととされている（改正前金商法 27 条の 25 第 2 項、「短期大量譲渡報告」）。

この点、短期大量譲渡報告の趣旨が、いわゆる「肩代わり」が行われたか否かを投資者が判断できるようにすることにあることに鑑みれば、僅少な株券等の譲渡先の情報（氏名又は名称）についてまで開示を求める有用性は乏しいものと考えられる。

こうした点に鑑み、改正法では、僅少な株券等の譲渡先の情報（氏名又は名称）に関する開示を不要とすることとしている（改正法による改正後の法 27 条の 25 第 2 項）。

(ⅲ) 同時提出義務の廃止

改正前金商法では、大量保有報告書や変更報告書の提出日の前日までに、新たな提出事由が生じた場合（例えば、株券等保有割合がさらに 1 ％以上増加した場合等）には、当該新たな提出事由に係る変更報告書の提出は、当初の提出事由に係る大量保有報告書や変更報告書の提出と同時に行わなければならないこととされている（改正前金商法 27 条の 25 第 3 項、「同時提出義務」）。

このため、株券等の大量保有者は、提出日の前日に、共同保有者の分も含め株券等の保有状況を確認した上で、変更報告書を提出する必要があるが、特に海外子会社等を多く抱え保有状況の確認に時間を要する大量保有者においては、実務上の対応が事実上不可能なケースが生じている。この結果、提出された変更報告書の内容が、同時提出義務を踏まえた提出日の前日の情報に基づくものなのか、提出事由発生時点の情報に基づくものなのかが明確でなく、かえって投資者に誤解を生じさせかねない状況となっている。

こうした点に鑑み、改正法では、同時提出義務を廃止し、変更報告書の

内容が提出事由発生時点の情報に基づくものであることを明確化することとしている（法 27 条の 25 第 3 項の削除）。

(iv) 発行者への通知方法の見直し

改正前金商法では、大量保有報告書や変更報告書を提出した者は、遅滞なく、これらの書類の写しを発行者に対して送付しなければならないこととされている（法 27 条の 27）。

このような発行者への写しの送付義務は、発行者が大株主の状況について関連する開示書類（臨時報告書等）を作成する立場にあること等に鑑み、いわば発行者の開示書類作成のための情報収集の負担を軽減させる観点から設けられているものである。この点、インターネットが普及し EDINET も整備された今日では、EDINET を通じて提出された大量保有報告書等について、発行者が即時かつ容易にアクセスし得る環境が整備されている状況にあること等に鑑みると、そのような大量保有報告書等については、写しの送付を受けなくとも、発行者の開示書類作成のための情報収集の負担が十分軽減されているものと考えられる。

こうした点に鑑み、改正法では、EDINET を通じて提出された大量保有報告書等については、発行者への写しの送付義務を免除することとしている（改正法による改正後の法 27 条の 30 の 6 第 3 項）。

3 虚偽記載等のある有価証券報告書等の提出に係る賠償責任の見直し

(1) 改正の背景

改正前金商法では、虚偽記載等のある有価証券報告書等の開示書類（以下「虚偽開示書類」という）を提出した者は、流通市場において有価証券を取得した者に対し、当該虚偽記載等により生じた損害を賠償する責任を負うが、この責任は無過失責任とされている（法 21 条の 2）。同条は、平成 16 年証券取引法改正において、民事訴訟による責任追及を容易にすることによって、違法行為の抑止を図り、証券市場の公正性・透明性を向上させることを目的に新設されたものである。

同条は、民法上の一般不法行為責任（民法 709 条）の特則であるところ、

民法上の一般不法行為責任は、その要件の一つである加害者の「故意又は過失」について、被害者（原告）が立証しなければならないこととされている（過失責任の原則）。しかし、法21条の2は、①虚偽開示書類の提出者に故意・過失がないということは考えられないということ、②発行市場における提出者の責任が無過失責任とされていること（法18条）との平仄の2点を考慮し、無過失責任とされた(注)。

一方、法21条の2が新設された平成16年以降、平成17年証券取引法改正では流通市場（有価証券の募集・売出し時以外の取引市場）における虚偽開示書類の提出が課徴金制度の対象行為とされ、また平成20年には課徴金額の水準が引き上げられるなど、課徴金制度の整備・進展があった。また、平成20年には、内部統制報告書制度が導入され、近年はその定着をみている。このように、違法行為を抑止し、証券市場の公正性・透明性を向上させるための他の手段が充実したことによって、過失責任という損害賠償責任の一般原則を超えて提出者に無過失責任を課すことの意義が、平成16年当時に比べて相対的に低下してきているのではないかとの指摘がある。

さらに、①改正前金商法21条の2の無過失責任が、新興・成長企業が新規上場を躊躇する原因になっているとの指摘があること、②流通市場においては、発行市場のような「払込み」はなく、虚偽開示書類の提出者自身には直接的な利得がないため、損害賠償の原資は結局のところ他の株主が負担することになること、③米国・英国等の主要国でも流通市場における虚偽開示書類の提出者に無過失責任を負わせていないことなども考慮され、WGにおいて、流通市場における無過失責任の見直しが審議された。

加えて、近年、MBO（マネジメント・バイアウト。経営陣による企業買収）が増加しており、このようなケースでは、経営成績を悪く見せかけるような虚偽記載等（いわゆる「逆粉飾」）を行って株価を不当に引き下げようとするインセンティブが経営陣に働き得る点を考慮すると、流通市場における虚偽開示書類の提出者及びその役員等の損害賠償責任（法21条の2、22条等）が、損害賠償請求権者を流通市場における有価証券の「取得者」に限定していることは適切なのか、という点も合わせて審議された。

[図表2-Ⅳ-1] 流通市場における虚偽開示書類を提出した会社の損害賠償責任
　　　　　　（第21条の2関係）

○ 企業が虚偽の開示書類を提出した場合の責任 （第21条の2 虚偽記載等のある書類の提出者の賠償責任）

責　任	発行市場	流通市場
	無過失責任	無過失責任　⇒　過失責任へ《改正後》 （ただし、提出会社側に無過失の挙証責任を負わせる）

⇒以下の理由から、今回、「流通市場」における提出会社の「無過失責任」を「過失責任」に見直し。
　✓ そもそも損害賠償責任は、「過失責任」が原則。
　✓ 「発行市場」では、提出会社は投資者から払込みを受けており、無過失であっても返還させるのが公平。一方で、「流通市場」では、提出会社に利得がないため、返還の原資は、結局は他の株主等が負担。
　✓ 近年、課徴金制度の進展や内部統制報告書制度の導入等、違法行為抑止のための他の制度が充実。
⇒併せて、損害賠償を請求できる者についても、以下のとおり改正。
　《現状》取得者　⇒　《改正後》取得者＋処分者（他の主要国も同様の制度）
　　（注）虚偽記載により損害を被る者は「取得者」だけでなく、場合によっては「処分者」もありうるため。

　改正法では、WG報告書を踏まえ、流通市場における虚偽記載等に係る賠償責任の見直しを図っている。

　（注）　岡田大＝吉田修＝大和弘幸「市場監視機能の強化のための証券取引法改正の解説——課徴金制度の導入と民事責任規定の見直し」旬刊商事法務1705号（2004）50頁～51頁。

(2)　改正の概要

　改正法では、流通市場における虚偽開示書類提出者の損害賠償責任について、提出者に虚偽記載等について故意・過失がなかったことを提出者自身が立証した場合には、賠償の責めに任じないこととされた（改正法による改正後の法21条の2第2項）。改正前金商法の無過失責任を見直しつつ、虚偽開示書類の提出者の役員等の損害賠償責任（法22条等）の場合と同様に、立証責任を転換し、提出者側に故意・過失がなかったことの立証責任を負わせることによって、投資者の訴訟負担が過大にならないよう配慮されている。

また、改正法では、流通市場における虚偽開示書類の提出者又はその役員等に対する損害賠償請求権者に、当該虚偽開示書類が公衆縦覧に供されている間に有価証券を「処分した者」を加えることとされた（改正法による改正後の法21条の2第1項、22条1項等）。

V ファンド販売業者に対する規制の見直し

1 改正の背景

　MRI INTERNATIONAL, INC.（以下「MRI」という）は、第二種金融商品取引業を行う金融商品取引業者である米国法人であって、米国において行う診療報酬請求債権（Medical Account Receivables.（以下「MARS」という））の購入及び回収事業から生じる利益の一部を配当することを内容とする権利（＝ファンド持分）の販売勧誘を実施していた。同社は、多数の個人顧客に対し、出資金は第三者機関の名義で開設された信託口座等で分別管理し、MARS購入及び回収事業にのみ充てられる旨説明していた。

　しかしながら、実際には、MRIは少なくとも平成23年以降において、顧客からの出資金を分別管理せず、同社の意のままに入出金し、出資金の大部分が事業に用いられることなく他の顧客への配当金及び償還金の支払いに充てられていたという実態が判明した。

　これを踏まえ、証券取引等監視委員会は、MRIについて、①顧客からの出資金を他の顧客に対する配当金及び償還金の支払いに流用する行為等、②金融商品取引契約の締結又はその勧誘に関して、顧客に対して虚偽のことを告げる行為、③虚偽の内容の事業報告書を作成し、関東財務局長に提出する行為、④報告徴求命令に対する虚偽の報告があったとし、平成25年4月26日付けで行政処分を求める勧告を行い、同日、関東財務局は同社に対する行政処分（登録取消し、業務改善命令）を行った。

　かかるMRI事案等を踏まえたファンド販売業者等に対する規制の見直しとして、①ファンド資産の流用防止、②ファンド販売業者等の国内拠点設置等義務付け、③自主規制機関である協会への加入促進のための措置をとることとした。

　また、金融商品取引業者等について、④登録拒否逃れの防止のための措置をとることとした。

1 改正の背景 39

[図表2-V-1] MRI事案の概要（検査で判明した実態）

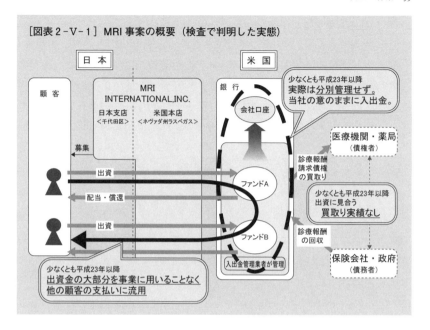

[図表2-V-2] ファンド販売業者に対する規制の見直し（第40条の3の2、第29条の4関係）

ファンド販売業者における問題事案の発生を踏まえ、市場の信頼性を確保する観点から、下記のとおり、ファンド販売業者について、行為規制の強化等を実施。

ファンド販売に関する規定の整備

○ ファンド販売業者は、「ファンド規約」において分別管理が確保されていないファンドへの投資の勧誘を行うことが禁止されている。

　一方で、分別管理の「規約」自体は存在したものの、実際には分別管理をせず、資金を流用した事案が発生。

《改正後》

○ 左記に加え、ファンド販売業者が、ファンドに出資された金銭が目的外に流用されていることを知りながら、その募集の取扱いを行うこと等を禁止事項に追加。
（第40条の3の2　金銭の流用が行われている場合の募集等の禁止）

投資の勧誘　ファンド販売業者
投資家 → 投資・金銭拠出 → ファンド 分別管理規約 ⇒ 流用

国内拠点設置等の義務付け

○ 海外取引が絡む不正な事案が発生した場合、国内拠点がないと、被害の把握等に大きな支障。

《改正後》

○ ファンド販売業者について、証券会社と同様に、「国内拠点」及び「国内における代表者」の設置を義務付け。
（第29条の4　登録の拒否）
※投資運用業者についても、同様の取扱いとする。

協会（自主規制団体）への加入促進

○ 協会へ加入していないファンド販売業者には、協会規則（自主規制ルール）が適用されない。

《改正後》

○ 協会へ加入していないファンド販売業者について、協会規則に準ずる内容の社内規則の整備と当該社内規則を遵守するための体制整備を義務付け、協会への加入促進を図る。
○ 上記義務付けは、登録拒否要件に盛り込み、登録当初から当該社内規則の適用を確保する。（第29条の4　登録の拒否）
※証券会社、投資運用業者についても、同様の取扱いとする。

2　改正の概要

　MRI事案等を踏まえたファンド販売業者に対する規制の見直しとして、①ファンド資産の流用防止、②ファンド販売業者等の国内拠点設置義務付け、③自主規制機関である金融商品取引業協会への加入促進のための措置をとり、また、金融商品取引業者等について、④登録拒否逃れの防止のための措置をとることされている（①～③の概要については、図表2-V-2参照）。

(1)　ファンド販売に関する規定の整備

(i)　改正の背景

　法40条の3は、金融商品取引業者等が、ファンドの規約等において分別管理が確保されていないファンド持分を販売等することを禁止している。

　しかしながら、同条は、ファンドの規約等において分別管理を義務付ける規定が設けられることを通じて分別管理が確保されることを求めているにとどまり、金融商品取引業者等が、実際に分別管理が実施されていることを確認することまでは求められておらず、仮にファンドの規約等の定めに反して分別管理が行われていない状況にあるファンド持分を販売しても、それ自体が法令違反とされるものではない。実際に、MRI事案において、MRIが販売勧誘を行ったファンド持分については分別管理が行われておらず、資金の流用が行われていた。

(ii)　改正の概要

　改正法では、金融商品取引業者等が、ファンド持分等に関し出資された金銭について出資対象事業に充てられていないことを知りながら、当該ファンド持分等の自己募集・売出し、募集等の取扱いを行うことを禁止することとした（改正法による改正後の法40条の3の2）。

　これにより、金融商品取引業者等自身が別の口座を開設する等の措置をとることなく、出資又は拠出された金銭を自己の固有の業務や他の業務に用いる金銭と混同させながら自己募集を行うようなケースや、出資対象事業を行う者が別の口座を開設する等の措置をとっておらず、出資又は拠出された金銭がその者の固有の業務や他の業務に用いる金銭と混同していることを知りながら募集の取扱いを行うようなケースを避けることができる

と考えられる。また、この規定に違反した場合、ファンド販売業者に対しては、業務改善命令、業務停止命令又は登録取消命令といった行政処分が課されることとなり、いわゆるポンジースキーム（払い込まれた出資金等を実質上の原資として配当を行い、それを実績として示すことで新たな出資者を募集するスキーム）として資金を流用しているようなケースについても取締りを行うことができると考えられる。

なお、本条に違反する行為の立証に当たっては、ファンドに出資された資金が「本来充てられるべき事業に充てられていない」という客観的な事実について、ファンド販売業者の内部文書、あるいは、ファンド運用者とファンド販売業者の間におけるメールのやり取り等の証拠の検証を通じ、「ファンド販売業者が流用について知っていた」という点を証明していくこととなるものと考えられる。

(2) 国内拠点設置等の義務付け

(i) 改正の背景

現行の法29条の4第1項5号は、第一種金融商品取引業者及び投資運用業者について、国内に営業所又は事務所を有することを求めており、また、法29条の2は、第一種金融商品取引業者について、国内における代表者を定めることを求めている。一方、第二種金融商品取引業者に対しては、国内に営業所又は事務所を有することや、国内における代表者を定めることは求められていない。

この点、外国の法令に準拠して設立された法人である第二種金融商品取引業者については、海外取引が絡む不正な事案が発生した場合、国内拠点がないと、被害の把握等に大きな支障があるなどとして、国内拠点の設置を義務付ける必要性があるとの指摘があった。

(ii) 改正の概要

改正法では、第一種金融商品取引業、第二種金融商品取引業又は投資運用業を行おうとする場合（個人である場合を除く）における登録拒否事由として、国内に営業所又は事務所を有しない者（改正法による改正後の法29条の4第1項4号ロ）、外国法人であって国内における代表者を定めてい

ない者を加えることとした（同号ハ）。

(3) 金融商品取引業協会（自主規制団体）への加入促進
(i) 改正の背景

現行法上、協会の自主規制機能に関しては、第一種金融商品取引業者と投資運用業者については、協会等に加入していない業者に対し協会の自主規制ルール等を考慮した適切な監督を行うこととされ、社内規則の作成変更を命じることができるとされている（法56条の4第1項、第2項）。一方、第二種金融商品取引業者についてはこのような規定は設けられていなかった。

この点、MRI事案において、MRIは、第二種金融商品取引業協会に加入しておらず、協会における自主規制に服していなかったが、投資家保護の観点からは、第二種金融商品取引業者の協会への加入率を向上させ、協会における牽制機能により、不適切な行為が行われることを避ける必要があると考えられる。

さらに、協会における牽制機能を確保する観点からは、協会に加入し自主規制ルールに服するか、それと同程度の社内規則を備えた業者であるかどうかを、参入時からチェックする必要性が高いと考えられ、第一種金融商品取引業者、投資運用業者についても参入段階から自主規制ルールに服する（ないし同程度の社内規則を備えた）業者であるかどうかをチェックすることが投資家保護上望ましいと考えられる。

(ii) 改正の概要

改正法では、第一種金融商品取引業、第二種金融商品取引業又は投資運用業を行おうとする場合（個人である場合を除く）における登録拒否事由として、その行おうとする業務を行う者を主要な協会員又は会員とする認可金融商品取引業協会（法2条13項）、認定金融商品取引業協会（法78条2項）に加入していない者であって、当該協会の定款その他の規則（有価証券の売買その他の取引若しくはデリバティブ取引等を公正かつ円滑にすること又は投資者の保護に関するものに限る）に準ずる内容のものと認められる社内規則を作成・遵守するための体制を整備していない者を加えることと

した（改正法による改正後の法29条の4第1項4号ニ）。

すなわち、金融商品取引業の参入段階において、当局により、協会への加入方針が判断され、協会に加入しない者については、協会の自主規制ルールに準ずる社内規則が作成されているか、また、それを遵守するための体制が整備されているかが判断されることになる。

このような規定を設けることで、協会への加入促進を図り、もって協会における牽制機能を確保することができるものと考えられるとともに、協会に加入しないとしても、少なくとも協会規則等に準ずる内容のものと認められる社内規則の作成とそれを遵守する体制が整備されることが期待され、投資家保護に資することとなると考えられる。

なお、登録金融機関についても同様の改正を行っている（改正法による改正後の法33条の5第1項4号）。

(4) 金融商品取引業者等の登録拒否事由の追加

(i) 改正の背景

現行法上、金融商品取引業の登録（法29条）、取引所取引業務の許可（法60条1項）、金融商品仲介業の登録（法66条）、信用格付業の登録（法66条の27）の取消処分を受けてから5年以内の者については、金融商品取引業の登録拒否事由に該当することとされている（法29条の4第1項1号イ）。また、平成24年「金融商品取引法等の一部を改正する法律」（平成24年法律第86号）において新設された電子店頭デリバティブ取引等業務の許可（同法による改正後の法60条の14第1項）の取消処分を受けた者についても同様である。

このため、登録等の取消処分が見込まれる事案において、当局による処分が行われる前に金融商品取引業の廃止（法50条の2）を行い、当局による行政処分を行えなくすることで、登録拒否事由に該当する事態を避けようとすることが考えられた。

(ii) 改正の概要

改正法では、上記のような登録等の取消処分逃れを行うインセンティブを削ぐため、登録等の取消処分に係る行政手続法15条の規定による通知

を受け、当局による登録取消処分の方針を認知した後、処分をする日又は処分をしないことを決定する日までに金融商品取引業の廃止等に係る届出を行った者については、当該届出から5年間は改めて金融商品取引業の登録をすることができないこととした（改正法による改正後の法29条の4第1項1号）。

ただし、かねてより計画されていた廃業や組織再編を行う場合等、登録等の取消処分を逃れる意図ではなく、届出を行うことに合理的な理由がある場合も予想されることから、通知前に廃止等を行うことについての決定をしていた場合は、除外されている。

また、廃止等の事由のうち、個人である業者が死亡した場合や、吸収合併や破産手続開始決定による解散等、法人格が消滅する場合についても、当該者が改めて登録申請を行うことはないことから、本改正による登録拒否の対象から除外されている。

上記に加え、金融商品取引業の登録申請者である法人の役員に、こうした登録等の取消処分逃れを行った者又は当該者が法人であった場合における当該法人の役員であった者がいる場合についても、同様に金融商品取引業の登録をすることができないこととした（同項2号）。

Ⅵ 金融指標に係る規制の導入

1 改正の背景

(1) 金融指標の不正操作をめぐって提起された問題

　金融指標は、一般に、貸出における基準金利や、デリバティブ取引における金銭の支払額の算定、有価証券の価値の算定等に用いられるなど、金融取引の基礎となることにより、我が国金融・資本市場において重要な役割を果たしている。

　こうした金融指標を算出する行為については、我が国をはじめ世界的にもこれまで規制対象とはされていなかったが、LIBOR 等の不正操作事案を受けて、金融指標の信頼性に疑念が生じたことを契機として、以下のような問題が提起され、国際的に公的規制の導入について検討が行われることとなった。

- ・　金融指標の算出の基礎となるデータの呈示者に不正操作を行うインセンティブがあり、また、呈示プロセスにおいて不正操作を行う機会が生じること
- ・　算出手続・方針に関する情報開示不足により、金融指標の信頼性の評価が制限され、また、不正操作を許容してしまうこと
- ・　呈示・算出プロセスの両段階に利益相反が内在すること

(2) 国際的な動向

　各国で金融機関に対する金融指標の不正操作に係る調査・処分が行われる中、平成 25 年 7 月に IOSCO は、「金融指標に関する原則の最終報告書」（Principles for Financial Benchmarks - Final Report）の中で、金融市場で利用されている指標について、その算出者のガバナンス、指標の品質、指標の算定手法の品質、算出者の説明責任に関する 19 の原則（以下「IOSCO 原則」という）を公表した（図表 2 - Ⅵ- 1 参照）。

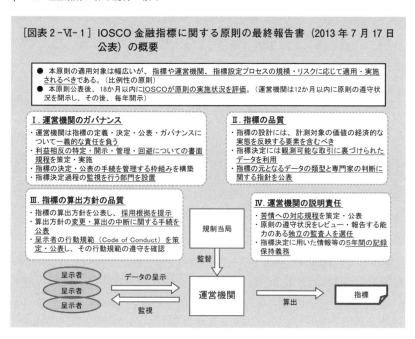

[図表2-Ⅵ-1] IOSCO金融指標に関する原則の最終報告書（2013年7月17日公表）の概要

　英国では、平成21年頃からLIBOR等の金融指標に関連した不正操作等に関して、英国規制当局が海外当局と連携しながら、多数の金融機関に対する調査を行ってきた。調査の結果、金融機関のトレーダー等が、デリバティブ取引において自己のポジションを有利にする目的で、呈示担当者に不正な働きかけを行ったり、リーマンショック時に信用力をよく見せようと実勢よりも低い金利を呈示したりする等[注1]、LIBORを不正操作しようとしていたことが明らかになった。

　上記の問題を受けて、平成24年9月には、英国財務省よりLIBOR改革案（ウィートリー・レビュー）が公表され、LIBORの算出・呈示に関して、法的な規制の導入等が提言された。その後、英国では、同年12月に「2012年金融サービス法」が成立するとともに、平成25年3月には関連規則が制定され、算出者及び呈示者に対する規制・監督の枠組みとして、利益相反の防止、開示規制、不正行為の疑いの特定・報告等の措置が講じられた（平成25年4月施行）。

英国において金融指標に係る規制の枠組みが検討・導入される中、平成24年12月には、英国銀行協会により、LIBORの中で、利用の少ない通貨・期間（テナー）の廃止が決定されるとともに、平成25年7月には、LIBORの運営をBBA LIBOR（英国銀行協会子法人）からNYSEユーロネクストの子会社に移管することが公表された(注2)。

　以上のように、国際協調の下での取組みが進展している中、平成25年9月には、欧州委員会においても「金融指標に関する規則案」が公表され、算出者及び呈示者に対する規制・監督の枠組みの導入が提案されている。

　平成25年9月に開催されたG20サンクトペテルブルク・サミットにおいても、IOSCO原則が承認され、銀行業界や金融市場において国際的に利用されている金融指標に関し、IOSCO原則と整合的に改革を実施すること等について合意が得られた。

（注1）　LIBORは、呈示者である金融機関が、ロンドンの銀行間取引市場で自行が資金調達できると想定するレートを算出者であるICE指標運営機関（ICE Benchmark Administration Limited：IBA）に報告し、それに基づきIBAにより算出・公表されている。

（注2）　その後、米インターコンチネンタル取引所（ICE）によるNYSEユーロネクストの買収に伴い、LIBORの算出・公表業務は、IBAにより行われることとなった。

(3)　我が国における取組み

　こうした状況の下、我が国においては、金融指標の規制の枠組みについて、実務家を中心としたメンバーによる技術的・実務的な検討を行うため、「金融指標の規制のあり方に関する検討会」が設置され、平成25年11月28日から計3回にわたり議論が行われ、同年12月25日に議論を取りまとめた報告書が公表された。

　検討会報告書において、上記の金融指標をめぐるIOSCO・諸外国の動向、金融指標が金融・資本市場において担っている役割の大きさや、金融指標及び指標算出プロセスについて指摘されている様々な問題への対応の必要性などを踏まえ、我が国にも算出者のガバナンスの強化、算出プロセスの透明性の向上等を図る公的規制の枠組みが必要であること、また、呈示者

に対しても、呈示者が呈示を行う意欲を過度に低下させないよう留意しつつ、何らかの形で規律を設ける必要があることが指摘された。さらに、本報告書においては、以下の点に鑑みて、まずは TIBOR を規制対象とすることを基本に据えることが提言された。

- デリバティブ取引等の基準金利として広範に利用されており、その信頼性の確保を図ることが我が国の金融・資本市場にとって重要であること
- 金融指標の根拠となる呈示データの中に呈示者の判断や推定の要素が入るなど、「機械的に決定される指標」に比べて不正操作の余地が広く、不正操作を行うインセンティブについても相対的に高いおそれがあること
- TIBOR と同じ銀行間取引金利である LIBOR・EURIBOR（Euro Interbank Offered Rate）(注)について、国際的に規制が導入されつつあること

なお、TIBOR の算出・公表業務は、これまで一般社団法人全国銀行協会が行っていたが、平成 25 年末に、より中立的な運営態勢を構築するため、TIBOR の算出・公表業務を行う法人組織を新設し、業務を移管することが公表された。これに従い、TIBOR の算出・公表業務は、平成 26 年 4 月 1 日より、同日に設立された一般社団法人全銀協 TIBOR 運営機関が行っている。

(注) 欧州銀行間取引市場における資金取引の市場実勢を示す指標金利。

2 改正の概要
(1) 特定金融指標算出者に対する規制の導入

本報告書を受けて、改正法において第 5 章の 7 を新設し、金融指標に係る規制を導入することとした。具体的には、公的規制の対象となる金融指標を「特定金融指標」と定め、その算出者を「特定金融指標算出者」として指定し、一定の規制・監督の枠組みを適用することとした。この新たな指定制度の下、特定金融指標算出者のガバナンスの強化や説明責任の履行

2 改正の概要

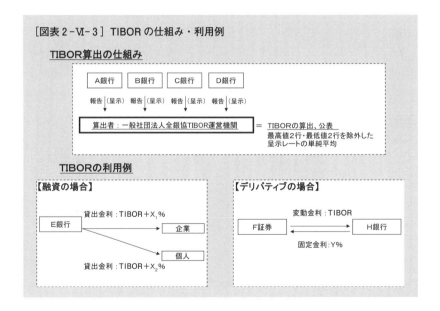

[図表 2 - Ⅵ - 2] TIBORの概要等

[図表 2 - Ⅵ - 3] TIBORの仕組み・利用例

等を求める観点から、特定金融指標算出者に、IOSCO原則に沿った記載事項を内容とする業務規程の作成・遵守を求めている。また、規制の実効性を確保するため、特定金融指標算出者に対する報告徴取・立入検査等の検査・監督の枠組みを整備することとした。

(i) 特定金融指標の定義

改正法では、特定金融指標を、金商法2条25項の「金融指標」であって、当該金融指標に係るデリバティブ取引又は有価証券の取引の態様に照らして、その信頼性が低下することにより、我が国の資本市場に重大な影響を及ぼすおそれがあるものとして内閣総理大臣が定めるものと定義している（改正法による改正後の法2条40項）。すなわち、我が国で算出される金融指標をすべからく規制対象とするのではなく、デリバティブ取引等の参照指標として広範に利用されるなど、我が国金融取引の基礎として幅広く利用されており、その信頼性が低下することにより、我が国の資本市場に重大な影響を及ぼすものが、規制対象として定められることとなる。

(ii) 指定制度

改正法では、上記の特定金融指標の算出者に対する指定制度を採用している。具体的には、内閣総理大臣は、特定金融指標算出業務（特定金融指標の算出及び公表を行う業務をいう）を行う者の特定金融指標算出業務の適正な遂行を確保することが公益又は投資者保護のため必要であると認められるときは、当該者を規制の対象者である特定金融指標算出者として指定することができる旨を規定している（改正法による改正後の法156条の85第1項）。ただし、特定金融指標算出業務を行う者が、特定金融指標算出業務について外国の法令に基づいて外国の行政機関その他これに準ずるものの適切な監督を受けていると認められる者として内閣府令で定める者である場合には、本規制を適用する必要性が乏しいと考えられることから、内閣総理大臣は、上記の指定をしないことを定めている（改正法による改正後の法156条の85第6項）。

(iii) 規制の具体的内容

特定金融指標算出者は、内閣府令で定めるところにより、特定金融指標算出業務に関する業務規程を定め、内閣総理大臣の認可を受けなければならないこと、また、当該業務規程の定めるところにより、特定金融指標算出業務を行わなければならないことを規定している（改正法による改正後の法156条の87）。

改正法は、特定金融指標算出者にIOSCO原則の遵守を法的に義務付け

ることを主眼としており、内閣府令において、業務規程の記載事項は、IOSCO原則に沿ったものとして規定する予定である。IOSCO原則は、算出者のガバナンス（算出プロセスに対する第一義的責任、利益相反の特定・開示・管理・回避等）、指標の品質（指標の元データの使用順序、専門家の判断に関する指針の作成・公表等）、指標の算定手法の品質（指標算出方針の公表、呈示者の行動規範の策定・公表等）、算出者の説明責任（独立した内部又は外部監査人の任命、記録保持、当局に対する文書の提出等）について、金融指標の算出者が遵守すべき具体的項目を中心に定めており、特定金融指標算出者に対する業務規程の作成・遵守の義務付けは、本規制の根幹をなすものと考えられる。

(ⅳ) **監督規定**

改正法では、特定金融指標算出者に対する規制の実効性を確保するため、①報告の徴取及び検査、②改善命令等、③業務移転の勧告等の規定を設けている。

① 報告の徴取及び検査

内閣総理大臣は、公益又は投資者保護のため必要かつ適当であると認める場合には、①特定金融指標算出者、②特定金融指標算出者から特定指標算出業務の委託（２以上の段階にわたる委託を含む）を受けた者に対して、当該特定金融指標算出者の業務に関し参考となるべき報告又は資料の提出を命じ、又は、当該職員にその業務の状況若しくは帳簿書類その他の物件の検査をさせることができる（改正法による改正後の法156条の89第１項）。

このほか、内閣総理大臣は、公益又は投資者保護のため必要かつ適当であると認めるときは、特定金融指標算出者に対して提供された算出基礎情報（特定金融指標の算出の基礎として特定金融指標算出者に対して提供される価格、指標、数値その他の情報をいう）の正確性の確認に必要と認められる限りにおいて、その情報提供者（特定金融指標算出者に対して算出基礎情報を提供する者をいう）に対し、当該算出基礎情報に関し参考となるべき報告若しくは資料の提出を命じ、又はその業務の状況若しくは帳簿書類その他の物件の検査をすることができる（改正法による改正後の法156条の89第２項）。

② 改善命令等

内閣総理大臣は、特定金融指標算出業務の運営に関し改善が必要であると認めるときは、その必要の限度において、特定金融指標算出者に対し、その改善に必要な措置をとるべきことを命ずることができる（改正法による改正後の法156条の90第1項）。

また、内閣総理大臣は、特定金融指標算出者が特定金融指標算出業務に関し法令違反等をしたときは、当該特定金融指標算出者に対し、6月以内の期間を定めてその業務の全部又は一部の停止を命ずることができる（改正法による改正後の法156条の90第2項）。

③ 業務移転の勧告

内閣総理大臣は、特定金融指標算出者が特定金融指標算出業務の休止又は廃止をしようとするときその他の内閣府令で定めるときは、特定金融指標算出者に対し、当該特定金融指標算出者が行っている特定金融指標算出業務の全部又は一部を他の者に行わせるよう勧告することができる（改正

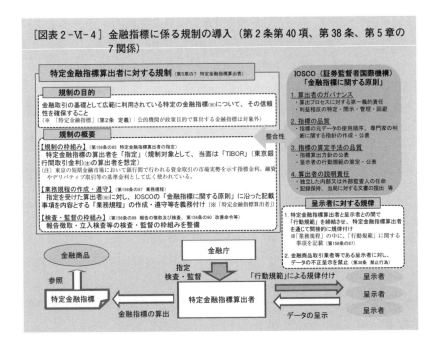

［図表2-Ⅵ-4］金融指標に係る規制の導入（第2条第40項、第38条、第5章の7関係）

法による改正後の法156条の91)。

　特定金融指標は、我が国金融取引の基礎として既に広範に利用されていることから、資本市場において重要な役割を果たしており、その信頼性が確保されている限り、継続的に算出されることは有益であると考えられる。このため、特定金融指標算出者が廃業しようとする場合などに、特定金融指標算出業務を他の者に移転させることを事実上慫慂する手段を確保することを目的として、特定金融指標算出者に対し、特定金融指標算出業務の全部又は一部を他の者に行わせるよう勧告できる旨の規定を設けることとしたものである。

(2) 情報提供者に対する規律
(i) 行動規範

　改正法においては、特定金融指標算出者に対し業務規程の作成・遵守を求めることとしている（改正法による改正後の法156条の87第2項、同条第4項）。特定金融指標算出者は、業務規程に従い、情報提供者との間で、当該情報提供者が遵守すべき事項を定めた「行動規範」（Code of Conduct）を内容とする契約を締結することが予定されている。これにより、情報提供者に対しては、直接的な規制ではなく、特定金融指標算出者を通じて間接的に規律付ける枠組みを整備することとした。

(ii) 算出基礎情報の不正呈示

　既に金商法で規制が課されている金融商品取引業者等については、自己又は第三者の利益を図る目的をもって、特定金融指標算出者に対し、特定金融指標の算出に関し、正当な根拠を有しない算出基礎情報を提供する行為を新たに禁止行為として規定している（改正法による改正後の法38条7号）。また、違反行為について、3年以下の懲役若しくは300万円以下の罰金又はこれを併科することとしている（改正法による改正後の法198条2号の3。なお、同条は法人両罰規定（法207条）の対象（3億円以下の罰金））。

　金融商品取引業者等は、金融指標に係るデリバティブ取引等の金融商品取引行為を業として行う者である。金融商品取引業者等は、このような金融商品取引行為において利用される金融指標の数値を操作することにより、

不正な利益を得ることを目的として、「正当な根拠を有しない算出基礎情報の提供」を行う誘因が働きやすいと考えられる。このため、改正法では、このような行為を罰則をもって禁止することとしたものである。

Ⅶ 電子化された株券等の没収手続の整備

1 現行の没収規定

　金商法において、不公正取引（インサイダー取引、相場操縦等）や、顧客が金融商品取引業者等から損失補てんを受ける行為は罰則の対象とされており、これらの行為により犯人等が得た財産については必要的没収の規定が置かれている（法198条の2第1項、200条の2前段）。ここで言う財産には、不動産や動産といった有体物のほか、金銭債権等の無体財産も含まれると解されている。

　実務上、財産を没収するためには没収に係る手続規定（没収した財産の処分に関する規定など）が必要であるところ、刑事手続に関する一般法である刑事訴訟法において、没収に係る手続規定は有体物のみをその対象にしている。このため、無体財産を没収するためには、別途個別法において没収に係る手続規定を設ける必要があるところ、金商法にこのような規定は設けられていなかったことから、無体財産については、これまで「没収することができないとき」（法198条の2第2項、200条の2後段）に該当するとして、その価額を追徴するという扱いをしてきた。

2 改正の背景

　本改正のきっかけとなったのは、イー・アクセス株式に係るインサイダー取引事件についての東京地裁判決（平成25年11月22日）であった。事案及び追徴に関する説明の概要は、以下のとおりである。
【事案の概要】
　イー・アクセスの従業員である被告人が、イー・アクセスとソフトバンクとの間で株式交換が行われるという重要事実を知りながら、その公表前にイー・アクセス株式を買い付けたというインサイダー取引の事案。被告人が取得したイー・アクセス株式は株式交換によりソフトバンク株式に交

換され、その後、ソフトバンク株式は大幅に値上がりした。

【追徴に関する説明の概要】

　被告人が取得したイー・アクセス株式及びその後の株式交換により取得したソフトバンク株式は、それぞれ「犯罪行為により得た財産」「前号に掲げる財産の対価として得た財産」として実体法上は没収の対象となるが、没収の手続規定がないため「没収することができないとき」に該当し、必要的追徴になると解される。被告人が取得したソフトバンクの株式はその後大幅に値上がりしているところ、追徴の価額は財産の取得時を基準とするため、追徴を科しても被告人に多額の利得が残り、犯罪によって得た財産を剥奪して犯人に利得させないという必要的没収を規定した趣旨に反する結果が生じている。

　この判決は、金商法に無体財産の没収に係る手続規定がないことから、無体財産である電子化された株券を没収できず、追徴を科しても犯人の手元に値上がり分の利得が残ってしまうという不都合性を指摘するものである。

　株券については、社債、株式等の振替に関する法律（平成13年法律第75号。以下「振替法」という）が施行される前は、動産として没収可能であった。しかしながら、振替法が施行されたことにより株券が電子化されて無体財産となったことから、かかる電子化された株券等の没収に備えて金商法に手続規定を新設する等の立法上の手当てを行うべきであったとこの判決は指摘する。

　なお、インサイダー取引により犯人が取得した株式については、重要事実が公表され、値上がりした直後に売却して利益を確定させるケースも多いと考えられる。このようなケースにおいては、当該売却代金を「前号に掲げる財産（犯罪行為により得た財産）の対価として得た財産」として没収可能であるため、必ずしも犯人の手元に値上がり分の利得が残ってしまうという不都合性は生じないと考えられる。この判決の事案では、犯人がインサイダー取引により取得した株式を裁判時まで売却せずに保有し続けていたことから、問題点が浮き彫りになったものといえる。

3 改正の概要

(1) 手続規定の概要

改正法では、金商法に「第8章の2　没収に関する手続等の特例」という新たな章を設けた上で、無体財産の没収に係る手続規定を新設した。具体的には、既に無体財産の没収に係る手続規定を置いている組織的な犯罪の処罰及び犯罪収益の規制等に関する法律(平成11年法律第136号。以下「組織的犯罪処罰法」という)の規定に倣い、①混和財産の没収に関する規定（法209条の2）、②第三者が取得した財産の没収等に関する規定（法209条の3、209条の4）、③没収された債権等の処分等に関する規定（法209条の5）、④没収の裁判に基づく登記等の抹消に関する規定（法209条の6）、⑤無体財産の没収に関して刑事補償法の規定を準用する旨を定める規定（法209条の7）などを新設した。

これらの規定の中には、無体財産の没収について有体物の没収と同様の手続を定めるもの（没収された債権等の処分等に関する規定、無体財産の没収に関して刑事補償法の規定を準用する旨を定める規定など）のほか、事実上の支配（占有）を観念できないという無体財産の特殊性を踏まえたもの（混和財産の没収に関する規定など）も含まれている。

(2) 手続規定の対象となる犯罪

前記の判決はインサイダー取引の事案であるが、金商法においては、前記のとおり、インサイダー取引等の不公正取引のほか、損失補てんの罪についても必要的没収の規定が設けられている。そこで、損失補てんの罪により犯人等が取得した財産についても、今般新たに設ける手続規定の対象とし、電子化された株券その他の無体財産の没収を可能にした[注]。

> （注）　なお、金商法において、金融商品取引所の役員等による収賄罪について必要的没収の規定が設けられているが（法203条2項）、これについては、刑法をはじめとする他の法律において規定されている収賄罪との均衡を考慮し、今般の改正で新たに設ける手続規定の対象とはしないこととした。

Ⅷ その他の改正事項（金融商品取引所の業務の追加）

　金融危機後、店頭デリバティブ取引を行う金融取引主体に付番し、個別のエクスポージャーを集計すること等を通じて、金融取引の実態を効率的・効果的に把握するため、世界共通の識別方式による取引主体識別子（LEI：Legal Entity Identifier）について、国際的な検討が進められているところ、こうした国際的な議論を踏まえ、我が国においても、国内のLEI付番機関の設置について検討を進めていく必要がある。

　諸外国では既に取引所がLEI付番業務を行っている実例があり、我が国においても、取引所が付番機関の有力候補となることが想定される。しかしながら、金商法上、取引所には業務範囲規制があり、現行の規定では、取引所は付番業務を行うことはできないと解される。このため、取引所の業務範囲を拡大し、付番業務を取引所の認可業務として追加することとした。

第3部

逐条解説編

第1条　金融商品取引法の一部改正

第1章　総則

第2条（定義）
第40項　新設

改　正　後
40　この法律において「特定金融指標」とは、金融指標であつて、当該金融指標に係るデリバティブ取引又は有価証券の取引の態様に照らして、その信頼性が低下することにより、我が国の資本市場に重大な影響を及ぼすおそれがあるものとして内閣総理大臣が定めるものをいう。

　金融指標に係る規制の対象となる「特定金融指標」の定義を新たに設けるものである。

　金融指標の算出は、民間の主体が自由に行うべき行為であるが、金融取引の基礎として広範に利用されている金融指標については、仮に不適切に算出・公表されると、我が国社会・経済に広く悪影響を及ぼすことから、このような金融指標に限り、その算出・公表の適正な遂行を確保するため、必要な公的規制を導入することが適当である。

　こうした考え方から、「特定金融指標」とは、金融指標（法2条25項）であって、当該金融指標に係るデリバティブ取引又は有価証券の取引の態様に照らして、その信頼性が低下することにより、我が国の資本市場に重大な影響を及ぼすおそれがあるものとして内閣総理大臣が定めるものと定義している。

　具体的な「特定金融指標」は、今後内閣総理大臣が定めることとなるが、「特定金融指標」を定めるに当たっては、その「取引の態様」として、金融指標に係るデリバティブ取引又は有価証券の取引に関する事由のうち、取引高や取引代金等、金融指標に係るデリバティブ取引又は有価証券の取引の規模の尺度となるもの等を勘案することが考えられる。

第2章　企業内容等の開示

第4条（募集又は売出しの届出）
第6項

改　正　後	改　正　前
6　特定募集又は第1項第3号に掲げる有価証券の売出し（以下この項において「特定募集等」という。）が行われる場合においては、当該特定募集等に係る有価証券の発行者は、当該特定募集等が開始される前に、内閣府令で定めるところにより、当該特定募集等に関する通知書を内閣総理大臣に提出しなければならない。ただし、開示が行われている場合における第4項に規定する有価証券の売出しでその売出価額の総額が1億円未満のもの、第1項第3号に掲げる有価証券の売出しで当該有価証券の発行者その他の内閣府令で定める者以外の者が行うもの及び同項第5号に掲げる有価証券の募集又は売出しでその発行価額又は売出価額の総額が内閣府令で定める金額以下のものについては、この限りでない。	6　特定募集又は第1項第3号に掲げる有価証券の売出し（以下この項において「特定募集等」という。）が行われる場合においては、当該特定募集等に係る有価証券の発行者は、当該特定募集等が開始される日の前日までに、内閣府令で定めるところにより、当該特定募集等に関する通知書を内閣総理大臣に提出しなければならない。ただし、開示が行われている場合における第4項に規定する有価証券の売出しでその売出価額の総額が1億円未満のもの、第1項第3号に掲げる有価証券の売出しで当該有価証券の発行者その他の内閣府令で定める者以外の者が行うもの及び同項第5号に掲げる有価証券の募集又は売出しでその発行価額又は売出価額の総額が内閣府令で定める金額以下のものについては、この限りでない。

　発行者が1千万円以上1億円未満の募集又は売出し（以下「特定募集等」という）を行う場合に財務局等に提出する有価証券通知書の提出期限を、特定募集等の開始の前日から、特定募集等の開始前までに変更している。
　これまで、有価証券通知書は、特定募集等の開始の前日までに財務局等に提出することとされていたが、クラウドファンディングなどの方法により特定募集等を行う場合には、当該特定募集等の開始の直前まで、発行者とクラウドファンディング業者との間で打ち合わせなどが行われることが

想定されるため、有価証券通知書の提出期限を特定募集等の開始の前までに変更することとした。

第21条の2 （虚偽記載等のある書類の提出者の賠償責任）
第1項

改正後	改正前
第21条の2　第25条第1項各号（第5号及び第9号を除く。）に掲げる書類（以下この条において「書類」という。）のうちに、重要な事項について虚偽の記載があり、又は記載すべき重要な事項若しくは誤解を生じさせないために必要な重要な事実の記載が欠けているときは、当該書類の提出者は、当該書類が同項の規定により公衆の縦覧に供されている間に当該書類（同項第12号に掲げる書類を除く。）の提出者又は当該書類(同号に掲げる書類に限る。)の提出者を親会社等（第24条の7第1項に規定する親会社等をいう。）とする者が発行者である有価証券を募集若しくは売出しによらないで取得した者又は処分した者に対し、第19条第1項の規定の例により算出した額を超えない限度において、記載が虚偽であり、又は欠けていること（以下この条において「虚偽記載等」という。）により生じた損害を賠償する責めに任ずる。ただし、当該有価証券を取得した者又は処分した者がその取得又は処分の際虚偽記載等を知つていたときは、この限りでない。	第21条の2　第25条第1項各号（第5号及び第9号を除く。）に掲げる書類（以下この条において「書類」という。）のうちに、重要な事項について虚偽の記載があり、又は記載すべき重要な事項若しくは誤解を生じさせないために必要な重要な事実の記載が欠けているときは、当該書類の提出者は、当該書類が同項の規定により公衆の縦覧に供されている間に当該書類（同項第12号に掲げる書類を除く。）の提出者又は当該書類(同号に掲げる書類に限る。)の提出者を親会社等（第24条の7第1項に規定する親会社等をいう。）とする者が発行者である有価証券を募集又は売出しによらないで取得した者に対し、第19条第1項の規定の例により算出した額を超えない限度において、記載が虚偽であり、又は欠けていること（以下この条において「虚偽記載等」という。）により生じた損害を賠償する責めに任ずる。ただし、当該有価証券を取得した者がその取得の際虚偽記載等を知つていたときは、この限りでない。

虚偽開示書類の提出者に対して損害賠償を請求できる者に、当該書類の公衆縦覧期間中に提出者が発行者である有価証券を流通市場で取得した者

（取得者）に加えて、同期間中に有価証券を処分した者を規定している。

　本条をはじめとする、流通市場における虚偽開示書類の提出者及びその役員等の損害賠償責任に係る改正前の金商法は、好業績を装うような粉飾決算を念頭に、本来あるべき有価証券価格よりも高値で有価証券を取得させられた者に限って、虚偽記載等により生じた損害の賠償請求権を認めていた。しかし、例えば、悪業績を装うような粉飾決算（いわゆる逆粉飾）が行われ、それによって市場の有価証券価格が本来あるべき有価証券価格よりも低値に形成された場合には、当該書類の公衆縦覧期間中に有価証券を売却した者は、本来あるべき有価証券価格よりも低値で有価証券を売却させられたこととなる。このような売却者は、取得者と同様、虚偽記載等によって投資判断を誤らせられ、損害を被ったといえるが、このような者を取得者と区別し、敢えて請求権者から除外すべき理由は見当たらない。加えて、近年、MBO（マネジメント・バイアウト。経営陣による企業買収）が増加しており、このようなケースでは、経営者が逆粉飾によってあらかじめ株価を不当に引き下げるインセンティブが働き得ることに鑑み、虚偽開示書類の提出に係る民事責任を強化し、証券市場の公正性・透明性を向上させるため、有価証券を「処分した者」を新たに請求権者に加えることとしている。

　本条は、価格を媒介として虚偽記載等を信頼し取引に入った者ないしそれに準ずる者を保護するための規定であるところ、このような立法趣旨からすれば、本項でいう「処分した者」とは、有価証券を任意かつ有償で処分した者をいい、贈与者のように無償で所有権を移転した者や、虚偽開示書類の公衆縦覧期間中に死亡した被相続人は、原則として損害賠償請求権者の対象に含まれないものと解される。

　また、本項の責任については、損害賠償額が「第19条第1項の規定の例により算出した額を超えない限度」に制限されているところ、請求権者が処分者である場合には、有価証券の取得について支払った額から処分価額を控除した額が賠償責任額の上限となる（法19条1項2号参照）(注)。したがって、贈与等によって有価証券を無償取得し、その後虚偽開示書類の公衆縦覧期間中に当該有価証券を処分した者については、19条1項の規

定の例により算出した賠償責任額がゼロとなるため、原則として本項による損害賠償請求はできないものと考えられる。

> （注） 本条が損害賠償額について上限を設けた趣旨は、①複数種類の虚偽開示書類が提出されていた場合に、各書類ごとに損害賠償請求権が成立するわけではない点を明確にすること、②発行者の責任が無過失責任であることに鑑み、あまりに過酷な損害額が認められることのないようにすることにあるところ（三井秀範編著『課徴金制度と民事賠償責任――条解証券取引法』（金融財政事情研究会、2005年）156頁）、処分者の場合、虚偽記載等がなかった場合の処分価額を正確に算定することが困難であることから、賠償責任額の上限を設ける政策的必要性が高いため、取得者の場合と同様の制限を設けることとされた。

第2項 新設

改 正 後
2　前項の場合において、賠償の責めに任ずべき者は、当該書類の虚偽記載等について故意又は過失がなかつたことを証明したときは、同項に規定する賠償の責めに任じない。

　流通市場における虚偽開示書類の提出者が、当該書類の虚偽記載等について故意又は過失がなかったことを証明したときは、前項に規定する賠償の責めに任じないこととしている。

　本条は平成16年証券取引法改正で新設された規定であり、民法709条の一般不法行為責任の特則とされているが、改正法による本項新設前は、本条の責任は無過失責任とされていた。しかし、近年、課徴金制度の整備・進展や内部統制報告書制度の導入・定着といった、虚偽開示書類の提出等の違法行為を抑止するための他の手段が充実してきていることなどを踏まえ、民法上の一般不法行為責任の原則に従い、過失責任とすることにされた。ただし、投資者の訴訟負担が過大にならないよう、立証責任を転換し、提出者側に、虚偽記載等について故意又は過失がなかったことの立証責任を負わせることとしている。

　「故意又は過失がなかつたこと」という文言は、法21条2項2号を参考にしたものであり、同号の場合と同様、提出者が免責されるためには、虚偽記載等について故意及び過失の両方がなかったことを立証する必要があ

り、故意又は過失のいずれか一方の不存在だけを立証したとしても免責されるものではない。

　また、どのような場合が提出者に「故意又は過失がなかつた」といえるかについては、条文上特段明記されておらず、個別の事情に応じた司法判断に委ねられている。例えば、提出者の代表者である役員に、内部統制構築義務違反など、虚偽開示書類の提出という結果を回避する義務に違反したと認められる事情がある場合には、提出者の過失が認められやすいと考えられる。また、営業担当の従業員が、自らの勤務成績を良く見せかけるため、社内の内部統制システムを潜脱して架空売上を計上した場合など、虚偽記載等の原因が専ら一部の従業員の不正行為にあったような場合を想定しても、このようなケースにおいて、提出者は別途民法715条の使用者責任を追及される可能性があり、同条1項ただし書による免責が判例上容易には認められないとされていることとの均衡を考えると、従業員を事業に従事させることによって企業活動を行い、利益を得ている提出者につき、そのような従業員の故意又は過失による損害賠償責任を負わせないとするのは、公平の観点や、金商法が投資者保護の観点から定められた特別法であるといった観点から、疑問があるとの解釈もあり得る。さらに、例えば虚偽記載等が長期間にわたって組織的に行われてきたような場合には、提出者の構成員である特定の自然人についての故意・過失を問題とするよりも、法人である提出者をいわば擬人化し、提出者自身の故意・過失の問題として考察したほうが適切な場合もあり得よう。一方で、虚偽記載等の生じた原因が、専ら提出者の構成員以外の者の故意・過失による場合であって、提出者には虚偽記載等の結果回避可能性がなかったと認められるような場合には、提出者の故意・過失が否定されることになると考えられる。

　なお、本条の損害賠償責任が発生するのは、開示書類の「重要な」事項について虚偽記載があった場合等に限定されており、そうしたケースでは、通常、役員に何らかの注意義務違反がある場合が多いと考えられる。そうすると、提出者の故意・過失について、提出者の役員に故意・過失がある場合に限定するのか、あるいは提出者の従業員に故意・過失がある場合も含むのかという論点については、いずれの解釈を取ったとしても、提出者

の損害賠償責任の存否という結論には大きな違いは生じないものと考えられる。

第3項～第6項

改　正　後	改　正　前
<u>3</u>　<u>第1項本文</u>の場合において、当該書類の虚偽記載等の事実の公表がされたときは、当該虚偽記載等の事実の公表がされた日（以下この項において「公表日」という。）前1年以内に当該有価証券を取得し、当該公表日において引き続き当該有価証券を所有する者は、当該公表日前1月間の当該有価証券の市場価額（市場価額がないときは、処分推定価額。以下この項において同じ。）の平均額から当該公表日後1月間の当該有価証券の市場価額の平均額を控除した額を、当該書類の虚偽記載等により生じた損害の額とすることができる。	<u>2</u>　前項本文の場合において、当該書類の虚偽記載等の事実の公表がされたときは、当該虚偽記載等の事実の公表がされた日（以下この項において「公表日」という。）前1年以内に当該有価証券を取得し、当該公表日において引き続き当該有価証券を所有する者は、当該公表日前1月間の当該有価証券の市場価額（市場価額がないときは、処分推定価額。以下この項において同じ。）の平均額から当該公表日後1月間の当該有価証券の市場価額の平均額を控除した額を、当該書類の虚偽記載等により生じた損害の額とすることができる。
<u>4</u>　前項の「虚偽記載等の事実の公表」とは、当該書類の提出者又は当該提出者の業務若しくは財産に関し法令に基づく権限を有する者により、当該書類の虚偽記載等に係る記載すべき重要な事項又は誤解を生じさせないために必要な重要な事実について、第25条第1項の規定による公衆の縦覧その他の手段により、多数の者の知り得る状態に置く措置がとられたことをいう。	<u>3</u>　前項の「虚偽記載等の事実の公表」とは、当該書類の提出者又は当該提出者の業務若しくは財産に関し法令に基づく権限を有する者により、当該書類の虚偽記載等に係る記載すべき重要な事項又は誤解を生じさせないために必要な重要な事実について、第25条第1項の規定による公衆の縦覧その他の手段により、多数の者の知り得る状態に置く措置がとられたことをいう。
<u>5</u>　<u>第3項</u>の場合において、その賠償の責めに任ずべき者は、その請求権者が受けた損害の額の全部又は一部が、当該書類の虚偽記載等によつて生ずべき当該有価証券の値下り以外の事情により生じたことを証明したときは、その	<u>4</u>　前<u>第2項</u>の場合において、その賠償の責めに任ずべき者は、その請求権者が受けた損害の額の全部又は一部が、当該書類の虚偽記載等によつて生ずべき当該有価証券の値下り以外の事情により生じたことを証明したときは、その

改正後	改正前
全部又は一部については、賠償の責めに任じない。	全部又は一部については、賠償の責めに任じない。
<u>6</u> 前項の場合を除くほか、<u>第3項</u>の場合において、その請求権者が受けた損害の全部又は一部が、当該書類の虚偽記載等によつて生ずべき当該有価証券の値下り以外の事情により生じたことが認められ、かつ、当該事情により生じた損害の性質上その額を証明することが極めて困難であるときは、裁判所は、口頭弁論の全趣旨及び証拠調べの結果に基づき、賠償の責めに任じない損害の額として相当な額の認定をすることができる。	<u>5</u> 前項の場合を除くほか、<u>第2項</u>の場合において、その請求権者が受けた損害の全部又は一部が、当該書類の虚偽記載等によつて生ずべき当該有価証券の値下り以外の事情により生じたことが認められ、かつ、当該事情により生じた損害の性質上その額を証明することが極めて困難であるときは、裁判所は、口頭弁論の全趣旨及び証拠調べの結果に基づき、賠償の責めに任じない損害の額として相当な額の認定をすることができる。

本条2項の新設に伴う形式的な改正を行っている。

第22条(虚偽記載等のある届出書の提出会社の役員等の賠償責任)
第1項

改正後	改正前
第22条　有価証券届出書のうちに重要な事項について虚偽の記載があり、又は記載すべき重要な事項若しくは誤解を生じさせないために必要な重要な事実の記載が欠けているときは、第21条第1項第1号及び第3号に掲げる者は、当該記載が虚偽であり、又は欠けていることを知らないで、当該有価証券届出書の届出者が発行者である有価証券を募集<u>若しくは</u>売出しによらないで取得した者<u>又は処分した者</u>に対し、記載が虚偽であり、又は欠けていることにより生じた損害を賠償する責めに任ずる。	第22条　有価証券届出書のうちに重要な事項について虚偽の記載があり、又は記載すべき重要な事項若しくは誤解を生じさせないために必要な重要な事実の記載が欠けているときは、第21条第1項第1号及び第3号に掲げる者は、当該記載が虚偽であり、又は欠けていることを知らないで、当該有価証券届出書の届出者が発行者である有価証券を募集<u>又は</u>売出しによらないで取得した者に対し、記載が虚偽であり、又は欠けていることにより生じた損害を賠償する責めに任ずる。

法21条の2第1項の改正と同趣旨の改正を行っている。

第23条の4 （訂正発行登録書の提出）

改　正　後	改　正　前
第23条の4　発行登録を行つた日以後当該発行登録がその効力を失うこととなる日前において、発行登録書において前条第2項の規定により参照すべき旨記載されている参照書類と同種の書類が新たに提出されたとき（当該発行登録書に当該同種の書類の提出期限が記載されている場合であつて、当該同種の書類がその提出期限までに提出された場合を除く。）その他当該発行登録に係る発行登録書及びその添付書類（以下この条において「発行登録書類」という。）に記載された事項につき公益又は投資者保護のためその内容を訂正する必要があるものとして内閣府令で定める事情があるときは、当該発行登録をした者（以下「発行登録者」という。）は、内閣府令で定めるところにより訂正発行登録書を内閣総理大臣に提出しなければならない。当該事情がない場合において、発行登録者が当該発行登録書類のうちに訂正を必要とするものがあると認めたときも、同様とする。この場合においては、発行予定額又は発行残高の上限の増額、発行予定期間の変更その他の内閣府令で定める事項を変更するための訂正を行うことはできない。	第23条の4　発行登録を行つた日以後当該発行登録がその効力を失うこととなる日前において、発行登録書において前条第2項の規定により参照すべき旨記載されている参照書類と同種の書類が新たに提出されたときその他当該発行登録に係る発行登録書及びその添付書類（以下この条において「発行登録書類」という。）に記載された事項につき公益又は投資者保護のためその内容を訂正する必要があるものとして内閣府令で定める事情があるときは、当該発行登録をした者（以下「発行登録者」という。）は、内閣府令で定めるところにより訂正発行登録書を内閣総理大臣に提出しなければならない。当該事情がない場合において、発行登録者が当該発行登録書類のうちに訂正を必要とするものがあると認めたときも、同様とする。この場合においては、発行予定額又は発行残高の上限の増額、発行予定期間の変更その他の内閣府令で定める事項を変更するための訂正を行うことはできない。

　発行登録書を提出した企業が、その後、有価証券報告書及び四半期報告書又は半期報告書など、当該発行登録書において参照すべき旨が記載され

ている書類（以下「継続開示書類」という）と同種の継続開示書類を提出した場合において、あらかじめ発行登録書に当該継続開示書類の提出時期を記載している場合には、訂正発行登録書の提出を不要とするための改正を行っている。

　現行金商法では、発行登録書を提出した企業は、発行登録を行った後に、当該発行登録書において参照すべき旨を記載している継続開示書類と同種の継続開示書類を提出した場合には、その都度、発行登録書において参照すべき継続開示書類が新たに提出された旨の記載を行った訂正発行登録書を提出することとされている。

　しかしながら、継続開示書類のうち、有価証券報告書、四半期報告書及び半期報告書の提出は、定期的に提出されることが明らかであるほか、これらの継続開示書類と訂正発行登録書は、全てEDINETを通じて提出されるため、あらかじめ発行登録書に継続開示書類の提出時期を記載していれば、当該継続開示書類がその提出時期までに提出されたときには、投資者は、発行登録書に記載された事項につき変更が生じたこと（参照すべき継続開示書類が新たに提出されたこと）が容易に理解できると考えられる。このため、発行登録書の記載内容の訂正が必要な場合から除くこととした。

　ただし、訂正発行登録書の提出が免除される継続開示書類の提出は、発行登録書に提出時期を記載した継続開示書類の提出であるため、あらかじめ提出時期を記載することのできない臨時報告書が提出された場合には、これまで同様、訂正発行登録書の提出も要することに留意が必要である。

　なお、現在の発行登録書の様式では、継続開示書類の提出時期を記載することができないため、発行登録書の参照書類欄に継続開示書類の提出時期が記載できるよう内閣府令の改正を行う予定である。

第24条の4（虚偽記載のある有価証券報告書の提出会社の役員等の賠償責任）

改正後	改正前
第24条の4　第22条の規定は、有価証	第24条の4　第22条の規定は、有価証

改　正　後	改　正　前
券報告書のうちに重要な事項について虚偽の記載があり、又は記載すべき重要な事項若しくは誤解を生じさせないために必要な重要な事実の記載が欠けている場合について準用する。この場合において、同条第1項中「有価証券を<u>募集若しくは</u>売出しによらないで取得した者」とあるのは、「有価証券を取得した者」と読み替えるものとする。	券報告書のうちに重要な事項について虚偽の記載があり、又は記載すべき重要な事項若しくは誤解を生じさせないために必要な重要な事実の記載が欠けている場合について準用する。この場合において、同条第1項中「有価証券を<u>募集又は</u>売出しによらないで取得した者」とあるのは、「有価証券を取得した者」と読み替えるものとする。

　法22条を改正することに伴う形式的な改正を行っている。

第24条の4の6　（賠償責任に関する規定の準用）

改　正　後	改　正　前
第24条の4の6　第22条の規定は、内部統制報告書（その訂正報告書を含む。）のうちに重要な事項について虚偽の記載があり、又は記載すべき重要な事項若しくは誤解を生じさせないために必要な重要な事実の記載が欠けている場合について準用する。この場合において、同条第1項中「当該有価証券届出書の届出者が発行者である有価証券を<u>募集若しくは売出しによらないで取得した者</u>」とあるのは、「当該内部統制報告書（その訂正報告書を含む。）の提出者が発行者である有価証券を取得した者」と読み替えるものとするほか、必要な技術的読替えは、政令で定める。	第24条の4の6　第22条の規定は、内部統制報告書（その訂正報告書を含む。）のうちに重要な事項について虚偽の記載があり、又は記載すべき重要な事項若しくは誤解を生じさせないために必要な重要な事実の記載が欠けている場合について準用する。この場合において、同条第1項中「当該有価証券届出書の届出者が発行者である有価証券を<u>募集又は売出しによらないで取得した者</u>」とあるのは、「当該内部統制報告書（その訂正報告書を含む。）の提出者が発行者である有価証券を取得した者」と読み替えるものとするほか、必要な技術的読替えは、政令で定める。

　法22条を改正することに伴う形式的な改正を行っている。

第24条の4の7 (四半期報告書の提出)
第4項

改　正　後	改　正　前
4　第7条第1項、第9条第1項及び第10条第1項の規定は四半期報告書について、第22条の規定は四半期報告書及びその訂正報告書のうちに重要な事項について虚偽の記載があり、又は記載すべき重要な事項若しくは誤解を生じさせないために必要な重要な事実の記載が欠けている場合について、それぞれ準用する。この場合において、第7条第1項中「第4条第1項から第3項までの規定による届出の日以後当該届出がその効力を生ずることとなる日前において、第5条第1項及び第13項の規定による届出書類」とあるのは「四半期報告書（第24条の4の7第1項又は第2項（これらの規定を同条第3項において準用する場合を含む。）の規定による四半期報告書をいう。以下この条、第9条第1項、第10条第1項及び第22条において同じ。）」と、「届出者」とあるのは「四半期報告書の提出者」と、「訂正届出書」とあるのは「訂正報告書」と、第9条第1項中「届出者」とあるのは「四半期報告書の提出者」と、「訂正届出書」とあるのは「訂正報告書」と、第10条第1項中「届出者」とあるのは「四半期報告書の提出者」と、「訂正届出書の提出を命じ、必要があると認めるときは、第4条第1項から第3項までの規定による届出の効力の停止」とあるのは「訂正報告書の提出」と、第22条第1項中「有価証券届出書の届出者	4　第7条第1項、第9条第1項及び第10条第1項の規定は四半期報告書について、第22条の規定は四半期報告書及びその訂正報告書のうちに重要な事項について虚偽の記載があり、又は記載すべき重要な事項若しくは誤解を生じさせないために必要な重要な事実の記載が欠けている場合について、それぞれ準用する。この場合において、第7条第1項中「第4条第1項から第3項までの規定による届出の日以後当該届出がその効力を生ずることとなる日前において、第5条第1項及び第13項の規定による届出書類」とあるのは「四半期報告書（第24条の4の7第1項又は第2項（これらの規定を同条第3項において準用する場合を含む。）の規定による四半期報告書をいう。以下この条、第9条第1項、第10条第1項及び第22条において同じ。）」と、「届出者」とあるのは「四半期報告書の提出者」と、「訂正届出書」とあるのは「訂正報告書」と、第9条第1項中「届出者」とあるのは「四半期報告書の提出者」と、「訂正届出書」とあるのは「訂正報告書」と、第10条第1項中「届出者」とあるのは「四半期報告書の提出者」と、「訂正届出書の提出を命じ、必要があると認めるときは、第4条第1項から第3項までの規定による届出の効力の停止」とあるのは「訂正報告書の提出」と、第22条第1項中「有価証券届出書の届出者

改　正　後	改　正　前
が発行者である有価証券を募集若しくは売出しによらないで取得した者」とあるのは「四半期報告書又はその訂正報告書の提出者が発行者である有価証券を取得した者」と、同条第2項中「前項」とあるのは「第24条の4の7第4項において準用する前項」と読み替えるものとするほか、必要な技術的読替えは、政令で定める。	が発行者である有価証券を募集又は売出しによらないで取得した者」とあるのは「四半期報告書又はその訂正報告書の提出者が発行者である有価証券を取得した者」と、同条第2項中「前項」とあるのは「第24条の4の7第4項において準用する前項」と読み替えるものとするほか、必要な技術的読替えは、政令で定める。

法22条を改正することに伴う形式的な改正を行っている。

第24条の5（半期報告書及び臨時報告書の提出）
第5項

改　正　後	改　正　前
5　第7条第1項、第9条第1項及び第10条第1項の規定は半期報告書及び臨時報告書について、第22条の規定は半期報告書及び臨時報告書並びにこれらの訂正報告書のうちに重要な事項について虚偽の記載があり、又は記載すべき重要な事項若しくは誤解を生じさせないために必要な重要な事実の記載が欠けている場合について、それぞれ準用する。この場合において、第7条第1項中「第4条第1項から第3項までの規定による届出の日以後当該届出がその効力を生ずることとなる日前において、第5条第1項及び第13項の規定による届出書類」とあるのは「半期報告書（第24条の5第1項（同条第3項において準用する場合を含む。）に規定する半期報告書をいう。以下この条、第9条第1項、第10条第1項及び第22条において同じ。）又は臨時	5　第7条第1項、第9条第1項及び第10条第1項の規定は半期報告書及び臨時報告書について、第22条の規定は半期報告書及び臨時報告書並びにこれらの訂正報告書のうちに重要な事項について虚偽の記載があり、又は記載すべき重要な事項若しくは誤解を生じさせないために必要な重要な事実の記載が欠けている場合について、それぞれ準用する。この場合において、第7条第1項中「第4条第1項から第3項までの規定による届出の日以後当該届出がその効力を生ずることとなる日前において、第5条第1項及び第13項の規定による届出書類」とあるのは「半期報告書（第24条の5第1項（同条第3項において準用する場合を含む。）に規定する半期報告書をいう。以下この条、第9条第1項、第10条第1項及び第22条において同じ。）又は臨時

改　正　後	改　正　前
報告書（第24条の5第4項に規定する臨時報告書をいう。以下この条、第9条第1項、第10条第1項及び第22条において同じ。）」と、「届出者」とあるのは「半期報告書又は臨時報告書の提出者」と、「訂正届出書」とあるのは「訂正報告書」と、第9条第1項中「届出者」とあるのは「半期報告書又は臨時報告書の提出者」と、「訂正届出書」とあるのは「訂正報告書」と、第10条第1項中「届出者」とあるのは「半期報告書又は臨時報告書の提出者」と、「訂正届出書の提出を命じ、必要があると認めるときは、第4条第1項から第3項までの規定による届出の効力の停止」とあるのは「訂正報告書の提出」と、第22条第1項中「有価証券届出書の届出者が発行者である有価証券を<u>募集若しくは</u>売出しによらないで取得した者」とあるのは「半期報告書若しくは臨時報告書<u>又は</u>これらの訂正報告書の提出者が発行者である有価証券を取得した者」と、同条第2項中「前項」とあるのは「第24条の5第5項において準用する前項」と読み替えるものとする。	報告書（第24条の5第4項に規定する臨時報告書をいう。以下この条、第9条第1項、第10条第1項及び第22条において同じ。）」と、「届出者」とあるのは「半期報告書又は臨時報告書の提出者」と、「訂正届出書」とあるのは「訂正報告書」と、第9条第1項中「届出者」とあるのは「半期報告書又は臨時報告書の提出者」と、「訂正届出書」とあるのは「訂正報告書」と、第10条第1項中「届出者」とあるのは「半期報告書又は臨時報告書の提出者」と、「訂正届出書の提出を命じ、必要があると認めるときは、第4条第1項から第3項までの規定による届出の効力の停止」とあるのは「訂正報告書の提出」と、第22条第1項中「有価証券届出書の届出者が発行者である有価証券を<u>募集又は</u>売出しによらないで取得した者」とあるのは「半期報告書<u>又は</u>臨時報告書若しくはこれらの訂正報告書の提出者が発行者である有価証券を取得した者」と、同条第2項中「前項」とあるのは「第24条の5第5項において準用する前項」と読み替えるものとする。

法22条を改正することに伴う形式的修正を行っている。

第9項・第16項

改　正　後	改　正　前
9　前2項の規定により報告書提出外国会社が外国会社半期報告書及びその補足書類を提出した場合には、当該外国会社半期報告書及びその補足書類を半	9　前2項の規定により報告書提出外国会社が外国会社半期報告書及びその補足書類を提出した場合には、当該外国会社半期報告書及びその補足書類を半

改正後	改正前
期報告書とみなし、これらの提出を半期報告書を提出したものとみなして、金融商品取引法令の規定を適用する。 16　前項の規定により報告書提出外国会社が外国会社臨時報告書を提出した場合には、当該外国会社臨時報告書を臨時報告書とみなし、その提出を臨時報告書を提出したものとみなして、金融商品取引法令の規定を適用する。	期報告書とみなし、これらの提出を半期報告書を提出したものとみなして、金融商品取引法令を適用する。 16　前項の規定により報告書提出外国会社が外国会社臨時報告書を提出した場合には、当該外国会社臨時報告書を臨時報告書とみなし、その提出を臨時報告書を提出したものとみなして、金融商品取引法令を適用する。

末尾の「金融商品取引法令を適用する」との文言につき、金商法上の他の条文(5条8項、本条14項及び21項等)の表現と平仄を合わせる改正を行っている。

第24条の6（自己株券買付状況報告書の提出）
第2項

改正後	改正前
2　第7条第1項、第9条第1項及び第10条第1項の規定は前項に規定する報告書（以下「自己株券買付状況報告書」という。）について、第22条の規定は自己株券買付状況報告書のうちに重要な事項について虚偽の記載があり、又は記載すべき重要な事項若しくは誤解を生じさせないために必要な重要な事実の記載が欠けている場合について、それぞれ準用する。この場合において、第7条第1項中「第4条第1項から第3項までの規定による届出の日以後当該届出がその効力を生ずることとなる日前において、第5条第1項及び第13項の規定による届出書類」とあるのは「自己株券買付状況報告書（第24条の6第1項に規定する報告書をいう。以下この条、第9条第1項、第10条第	2　第7条第1項、第9条第1項及び第10条第1項の規定は前項に規定する報告書（以下「自己株券買付状況報告書」という。）について、第22条の規定は自己株券買付状況報告書のうちに重要な事項について虚偽の記載があり、又は記載すべき重要な事項若しくは誤解を生じさせないために必要な重要な事実の記載が欠けている場合について、それぞれ準用する。この場合において、第7条第1項中「第4条第1項から第3項までの規定による届出の日以後当該届出がその効力を生ずることとなる日前において、第5条第1項及び第13項の規定による届出書類」とあるのは「自己株券買付状況報告書（第24条の6第1項に規定する報告書をいう。以下この条、第9条第1項、第10条第

1項及び第22条において同じ。）」と、「届出者」とあるのは「自己株券買付状況報告書の提出者」と、「訂正届出書」とあるのは「訂正報告書」と、第9条第1項中「届出者」とあるのは「自己株券買付状況報告書の提出者」と、「訂正届出書」とあるのは「訂正報告書」と、第10条第1項中「届出者」とあるのは「自己株券買付状況報告書の提出者」と、「訂正届出書の提出を命じ、必要があると認めるときは、第4条第1項から第3項までの規定による届出の効力の停止」とあるのは「訂正報告書の提出」と、第22条第1項中「第21条第1項第1号及び第3号に掲げる者」とあるのは「当該自己株券買付状況報告書を提出した発行者のその提出の時における役員」と、「有価証券届出書の届出者が発行者である有価証券を<u>募集若しくは売出しによらないで取得した者</u>」とあるのは「自己株券買付状況報告書の提出者が発行者である有価証券を取得した者」と、同条第2項中「第21条第2項第1号及び第2号」とあるのは「第21条第2項第1号」と、「前項」とあるのは「第24条の6第2項において準用する前項」と読み替えるものとする。	1項及び第22条において同じ。）」と、「届出者」とあるのは「自己株券買付状況報告書の提出者」と、「訂正届出書」とあるのは「訂正報告書」と、第9条第1項中「届出者」とあるのは「自己株券買付状況報告書の提出者」と、「訂正届出書」とあるのは「訂正報告書」と、第10条第1項中「届出者」とあるのは「自己株券買付状況報告書の提出者」と、「訂正届出書の提出を命じ、必要があると認めるときは、第4条第1項から第3項までの規定による届出の効力の停止」とあるのは「訂正報告書の提出」と、第22条第1項中「第21条第1項第1号及び第3号に掲げる者」とあるのは「当該自己株券買付状況報告書を提出した発行者のその提出の時における役員」と、「有価証券届出書の届出者が発行者である有価証券を<u>募集又は売出しによらないで取得した者</u>」とあるのは「自己株券買付状況報告書の提出者が発行者である有価証券を取得した者」と、同条第2項中「第21条第2項第1号及び第2号」とあるのは「第21条第2項第1号」と、「前項」とあるのは「第24条の6第2項において準用する前項」と読み替えるものとする。

法22条を改正することに伴う形式的な改正を行っている。

第2章の3　株券等の大量保有の状況に関する開示

第27条の23（大量保有報告書の提出）
第4項

改　正　後	改　正　前
4　第1項の「株券等保有割合」とは、株券等の保有者（同項に規定する保有者をいう。以下この章において同じ。）の保有（前項各号に規定する権限を有する場合を含む。以下この章において同じ。）に係る当該株券等（<u>自己株式（会社法第113条第4項に規定する自己株式をいう。）</u>その他当該株券等の保有の態様その他の事情を勘案して内閣府令で定めるものを除く。以下この項において同じ。）の数（株券については株式の数を、その他のものについては内閣府令で定める数をいう。以下この章において同じ。）の合計から当該株券等の発行者が発行する株券等のうち、第161条の2第1項に規定する信用取引その他内閣府令で定める取引の方法により譲渡したことにより、引渡義務（共同保有者に対して負うものを除く。）を有するものの数を控除した数（以下この章において「保有株券等の数」という。）に当該発行者が発行する株券等に係る共同保有者の保有株券等（保有者及び共同保有者の間で引渡請求権その他の政令で定める権利が存在するものを除く。）の数を加算した数（以下この章において「保有株券等の総数」という。）を、当該発行者の発行済株式の総数又はこれに準ずるものとして内閣府令で定める数に当該	4　第1項の「株券等保有割合」とは、株券等の保有者（同項に規定する保有者をいう。以下この章において同じ。）の保有（前項各号に規定する権限を有する場合を含む。以下この章において同じ。）に係る当該株券等<u>（その保有の態様その他の事情を勘案して内閣府令で定めるものを除く。以下この項において同じ。）</u>の数（株券については株式の数を、その他のものについては内閣府令で定める数をいう。以下この章において同じ。）の合計から当該株券等の発行者が発行する株券等のうち、第161条の2第1項に規定する信用取引その他内閣府令で定める取引の方法により譲渡したことにより、引渡義務（共同保有者に対して負うものを除く。）を有するものの数を控除した数（以下この章において「保有株券等の数」という。）に当該発行者が発行する株券等に係る共同保有者の保有株券等（保有者及び共同保有者の間で引渡請求権その他の政令で定める権利が存在するものを除く。）の数を加算した数（以下この章において「保有株券等の総数」という。）を、当該発行者の発行済株式の総数又はこれに準ずるものとして内閣府令で定める数に当該保有者及び共同保有者の保有する当該株券等（株券その他の内閣府令で定め

保有者及び共同保有者の保有する当該株券等（株券その他の内閣府令で定める有価証券を除く。）の数を加算した数で除して得た割合をいう。	る有価証券を除く。）の数を加算した数で除して得た割合をいう。

　大量保有報告制度における「株券等保有割合」の算出の分子である「保有株券等の数」から、「自己株式」を除外することとしている。

　大量保有報告制度における大量保有報告書及び変更報告書の提出の要否を判断するための基準である「株券等保有割合」については、保有者及び共同保有者の「保有株券等の数」を分子とし、発行済株式総数（に保有者及び共同保有者が保有する潜在株式等の数を加算した数）を分母として算出すべきことが定められているところ、改正前においては、ここにいう「保有株券等の数」に「自己株式」も含まれることとされていた。

　大量保有報告制度の目的は、株券等の保有状況が、経営に対する影響力や市場における需給の観点から、投資者にとって重要な情報であるため、当該情報を投資者に提供することにある。この点、企業が保有する自己株式については、当該企業は議決権を有さず（会社法308条2項）、経営に対する影響力を行使し得ないため、経営に対する影響力の観点からは、大量保有報告制度により自己株式の保有状況を開示させる有用性は乏しいと考えられる。また、市場における需給に影響を与えるような自己株式の取得や処分が行われる場合には、自己株券買付状況報告書等の金商法における他制度や、取引所の適時開示ルール等により、別途主要な情報が開示されるため、市場における需給の観点からも、大量保有報告制度により自己株式の保有状況を開示させる有用性は乏しいと考えられる。

　こうした点に鑑み、改正法では、「株券等保有割合」の算出の分子である「保有株券等の数」から「自己株式」を除外することとしている。

　なお、「株券等保有割合」の算出の分母については、引き続き、発行済株式総数（に保有者及び共同保有者が保有する潜在株式等の数を加算した数）を基準としており、「自己株式」が含まれることには留意が必要である。

第 27 条の 25 (大量保有報告書に係る変更報告書の提出)
第 2 項

改　正　後	改　正　前
2　株券等保有割合が減少したことにより変更報告書を提出する者は、短期間に大量の株券等を譲渡したものとして政令で定める基準に該当する場合においては、内閣府令で定めるところにより、譲渡の相手方及び対価に関する事項(<u>譲渡を受けた株券等が僅少である者として政令で定める者については、対価に関する事項に限る。</u>)についても当該変更報告書に記載しなければならない。	2　株券等保有割合が減少したことにより変更報告書を提出する者は、短期間に大量の株券等を譲渡したものとして政令で定める基準に該当する場合においては、内閣府令で定めるところにより、譲渡の相手方及び対価に関する事項についても当該変更報告書に記載しなければならない。

　短期大量譲渡報告の記載事項である「相手方及び対価に関する事項」に関して、「譲渡を受けた株券等が僅少である者として政令で定める者」については「対価に関する事項」のみを記載すれば足りることとしている。

　改正前においては、株券等保有割合が減少したことにより変更報告書を提出する者は、「短期間に大量の株券等を譲渡したもの」として定められた一定の基準に該当する場合には、最近 60 日間の全ての譲渡について、その「相手方及び対価に関する事項」を当該変更報告書に記載しなければならないこととされていた(「短期大量譲渡報告」)。

　この点、短期大量譲渡報告の趣旨が、いわゆる「肩代わり」が行われたか否かを投資者が判断できるようにすることにあることに鑑みれば、僅少な株券等の譲渡先の情報(氏名又は名称)についてまで開示を求める有用性は乏しいものと考えられる。

　こうした点に鑑み、改正法では、「譲渡を受けた株券等が僅少である者として政令で定める者」については、短期大量譲渡報告における記載事項である「相手方及び対価に関する事項」のうち「対価に関する事項」のみを記載すれば足りることとし、「相手方に関する事項」の記載を不要とす

ることとしている。

「譲渡を受けた株券等が僅少である者として政令で定める者」の具体的な範囲については、今後、政令において定められる予定であるが、大量保有報告制度では、1％以上の株券等保有割合の変動が「重要な事項の変更」とされていること（法27条の25第1項、金商法施行令14条の7の2）等に鑑み、例えば、1％未満の株券等の譲渡を受けた者と規定することなどが考えられる。

また、短期大量譲渡報告に係る変更報告書における「相手方及び対価に関する事項」の具体的な記載方法については、今後、内閣府令において定められる予定であるが、改正法の趣旨を踏まえ、例えば、「譲渡を受けた株券等が僅少である者として政令で定める者」については、当該者の氏名又は名称の記載を不要とするとともに、現行の日付ごとかつ譲渡の相手方ごとの記載を改め、通常の変更報告書と同様、日付ごとに「対価に関する事項」をまとめて記載すれば足りることとすることなどが考えられる。

第3項

改　正　後	改　正　前
（削る）	3　大量保有報告書又は変更報告書を提出する日の前日までに、新たに変更報告書を提出しなければならない事由が生じた場合には、当該変更報告書は、第1項本文の規定にかかわらず、提出されていないこれらの書類の提出と同時に内閣総理大臣に提出しなければならない。
3　大量保有報告書又は変更報告書を提出した者は、これらの書類に記載された内容が事実と相違し、又は記載すべき重要な事項若しくは誤解を生じさせないために必要な重要な事実の記載が不十分であり、若しくは欠けていると認めるときは、訂正報告書を内閣総理大臣に提出しなければならない。	4　大量保有報告書又は変更報告書を提出した者は、これらの書類に記載された内容が事実と相違し、又は記載すべき重要な事項若しくは誤解を生じさせないために必要な重要な事実の記載が不十分であり、若しくは欠けていると認めるときは、訂正報告書を内閣総理大臣に提出しなければならない。

大量保有報告制度における同時提出義務を廃止することとしている。

改正前においては、大量保有報告書や変更報告書の提出日の前日までに、新たな提出事由が生じた場合（例えば、株券等保有割合がさらに１％以上増加した場合等）には、当該新たな提出事由に係る変更報告書の提出は、当初の提出事由に係る大量保有報告書や変更報告書の提出と、同時に行わなければならないこととされていた（「同時提出義務」）。

このため、株券等の大量保有者は、提出日の前日に、共同保有者の分も含め株券等の保有状況を確認した上で、変更報告書を提出する必要があるが、特に海外子会社等を多く抱え保有状況の確認に時間を要する大量保有者においては、実務上の対応が事実上不可能なケースが生じている。この結果、提出された変更報告書の内容が、同時提出義務を踏まえた提出日の前日の情報に基づくものなのか、提出事由発生時点の情報に基づくものなのかが明確でなく、かえって投資者に誤解を生じさせかねない状況となっていた。

こうした点に鑑み、改正法では、改正前の法27条の25第3項を削除することにより同時提出義務を廃止し、変更報告書の内容が提出事由発生時点の情報に基づくものであることを明確化することとしている。

合わせて、改正前の法27条の25第4項を第3項とする形式的な改正を行っている。

第27条の26（特例対象株券等の大量保有者による報告の特例）第2項

改正後	改正前
2　特例対象株券等に係る変更報告書（当該株券等が特例対象株券等以外の株券等になる場合の変更に係るものを除く。）は、<u>前条第1項本文</u>の規定にかかわらず、次の各号に掲げる場合の区分に応じ当該各号に定める日までに、内閣府令で定めるところにより、内閣総理大臣に提出しなければならない。	2　特例対象株券等に係る変更報告書（当該株券等が特例対象株券等以外の株券等になる場合の変更に係るものを除く。）は、<u>第27条の25第1項本文</u>の規定にかかわらず、次の各号に掲げる場合の区分に応じ当該各号に定める日までに、内閣府令で定めるところにより、内閣総理大臣に提出しなければならない。

改正後	改正前
一 前項の大量保有報告書に係る基準日の後の基準日における株券等保有割合が当該大量保有報告書に記載された株券等保有割合より100分の1以上増加し又は減少した場合その他の当該大量保有報告書に記載すべき重要な事項の変更として政令で定めるものがあつた場合　当該後の基準日から5日以内 二 変更報告書に係る基準日の後の基準日における株券等保有割合が当該変更報告書に記載された株券等保有割合より100分の1以上増加し又は減少した場合その他の当該大量保有報告書に記載すべき重要な事項の変更として政令で定めるものがあつた場合　当該後の基準日から5日以内 三 株券等保有割合が内閣府令で定める数を下回り当該株券等が特例対象株券等になつた場合　当該特例対象株券等になつた日から5日以内 四 前3号に準ずる場合として内閣府令で定める場合　内閣府令で定める日	一 前項の大量保有報告書に係る基準日の後の基準日における株券等保有割合が当該大量保有報告書に記載された株券等保有割合より100分の1以上増加し又は減少した場合その他の当該大量保有報告書に記載すべき重要な事項の変更として政令で定めるものがあつた場合　当該後の基準日から5日以内 二 変更報告書に係る基準日の後の基準日における株券等保有割合が当該変更報告書に記載された株券等保有割合より100分の1以上増加し又は減少した場合その他の当該大量保有報告書に記載すべき重要な事項の変更として政令で定めるものがあつた場合　当該後の基準日から5日以内 三 株券等保有割合が内閣府令で定める数を下回り当該株券等が特例対象株券等になつた場合　当該特例対象株券等になつた日から5日以内 四 前3号に準ずる場合として内閣府令で定める場合　内閣府令で定める日

条文引用の表現に関する形式的な改正を行っている。

第6項

改正後	改正前
6　<u>前条第3項</u>の規定は、第1項若しくは第4項の大量保有報告書又は第2項若しくは前項の変更報告書について準用する。	6　<u>前条第4項</u>の規定は、第1項若しくは第4項の大量保有報告書又は第2項若しくは前項の変更報告書について準用する。

法27条の25の改正に伴う形式的な改正を行っている。

第 27 条の 28（大量保有報告書等の公衆縦覧）
第 1 項

改　正　後	改　正　前
第 27 条の 28　内閣総理大臣は、内閣府令で定めるところにより、大量保有報告書及び変更報告書並びにこれらの訂正報告書を、これらの書類を受理した日（訂正報告書にあつては、当該訂正の対象となつた大量保有報告書又は変更報告書を受理した日）から 5 年間、公衆の縦覧に供しなければならない。	第 27 条の 28　内閣総理大臣は、内閣府令で定めるところにより、大量保有報告書及び変更報告書並びにこれらの訂正報告書を、これらの書類を受理した日から 5 年間、公衆の縦覧に供しなければならない。

　大量保有報告書又は変更報告書に係る訂正報告書の公衆縦覧期間の末日を、訂正の対象となった大量保有報告書又は変更報告書の公衆縦覧期間の末日と同一にするための改正を行っている。

　改正前においては、大量保有報告書及び変更報告書並びにこれらの訂正報告書の公衆縦覧期間は、いずれも「これらの書類を受理した日から 5 年間」とされていた。そして、訂正報告書は、通常、訂正の対象となった大量保有報告書や変更報告書の後に受理されるものであることから、これらの書類の公衆縦覧期間が満了した後も、一定期間は、訂正報告書のみが公衆縦覧に供されることとなっていた。

　訂正報告書は、あくまでも大量保有報告書や変更報告書の内容を訂正するものであり、それ自体単独では情報としての意味に乏しいことに鑑みると、訂正報告書の公衆縦覧期間の末日については、訂正の対象となった大量保有報告書や変更報告書の公衆縦覧期間の末日と同一にすることが適当であると考えられる。

　こうした点に鑑み、改正法では、訂正報告書の公衆縦覧期間を、「訂正の対象となった大量保有報告書又は変更報告書を受理した日から 5 年間」に改めることとしている。

第2項

改　正　後	改　正　前
2　金融商品取引所及び政令で定める認可金融商品取引業協会は、前条の規定により送付された前項に規定する書類（以下この条において「縦覧書類」という。）の写しを、内閣府令で定めるところにより、その事務所に備え置き、当該縦覧書類の写しの送付を受けた日<u>（訂正報告書の写しにあつては、当該訂正の対象となつた大量保有報告書又は変更報告書の写しの送付を受けた日）</u>から5年間、公衆の縦覧に供しなければならない。	2　金融商品取引所及び政令で定める認可金融商品取引業協会は、前条の規定により送付された前項に規定する書類（以下この条において「縦覧書類」という。）の写しを、内閣府令で定めるところにより、その事務所に備え置き、当該縦覧書類の写しの送付を受けた日から5年間、公衆の縦覧に供しなければならない。

　1項と同様の理由により、金融商品取引所等による大量保有報告書又は変更報告書に係る訂正報告書の公衆縦覧期間の末日を、訂正の対象となった大量保有報告書又は変更報告書の公衆縦覧期間の末日と同一にするための改正を行っている。

第2章の4　開示用電子情報処理組織による手続の特例等

第27条の30の2（開示用電子情報処理組織の定義）
第1項

改　正　後	改　正　前
第27条の30の2　この章において「開示用電子情報処理組織」とは、内閣府の使用に係る電子計算機（入出力装置を含む。以下この章において同じ。）と、第5条第1項（同条第5項（第27条において準用する場合を含む。）及び第27条において準用する場合を含む。）、第7条第1項（第24条の2第1項、第24条の4の3第1項（第24条の4の8第2項及び第24条の5の2第2項において準用する場合を含む。）、第24条の4の5第1項、第24条の4の7第4項、第24条の5第5項及び第24条の7第3項（これらの規定を第27条において準用する場合を含む。）、第24条の6第2項並びに第27条において準用する場合を含む。）、第9条第1項（同項後段を除き、第24条の2第1項、第24条の4の3第1項（第24条の4の8第2項及び第24条の5の2第2項において準用する場合を含む。）、第24条の4の5第1項、第24条の4の7第4項、第24条の5第5項及び第24条の7第3項（これらの規定を第27条において準用する場合を含む。）、第24条の6第2項並びに第27条において準用する場合を含む。）、第10条第1項（同項後段を除き、第24条の2第1項、第24条の4の3第1項（第24条の4	第27条の30の2　この章において「開示用電子情報処理組織」とは、内閣府の使用に係る電子計算機（入出力装置を含む。以下この章において同じ。）と、第5条第1項（同条第5項（第27条において準用する場合を含む。）及び第27条において準用する場合を含む。）、第7条第1項（第24条の2第1項、第24条の4の3第1項（第24条の4の8第2項及び第24条の5の2第2項において準用する場合を含む。）、第24条の4の5第1項、第24条の4の7第4項、第24条の5第5項及び第24条の7第3項（これらの規定を第27条において準用する場合を含む。）、第24条の6第2項並びに第27条において準用する場合を含む。）、第9条第1項（同項後段を除き、第24条の2第1項、第24条の4の3第1項（第24条の4の8第2項及び第24条の5の2第2項において準用する場合を含む。）、第24条の4の5第1項、第24条の4の7第4項、第24条の5第5項及び第24条の7第3項（これらの規定を第27条において準用する場合を含む。）、第24条の6第2項並びに第27条において準用する場合を含む。）、第10条第1項（同項後段を除き、第24条の2第1項、第24条の4の3第1項（第24条の4

の8第2項及び第24条の5の2第2項において準用する場合を含む。)、第24条の4の5第1項、第24条の4の7第4項、第24条の5第5項及び第24条の7第3項（これらの規定を第27条において準用する場合を含む。）、第24条の6第2項並びに第27条において準用する場合を含む。)、第23条の3第1項若しくは第4項（これらの規定を第27条において準用する場合を含む。）、第23条の4（第27条において準用する場合を含む。)、第23条の7第1項（第27条において準用する場合を含む。)、第23条の8第1項(第27条において準用する場合を含む。)、第23条の9第1項(同項後段を除き、第27条において準用する場合を含む。)、第23条の10第1項（同項後段を除き、同条第5項（第27条において準用する場合を含む。）及び第27条において準用する場合を含む。)、第24条第1項若しくは第3項（これらの規定を同条第5項（第27条において準用する場合を含む。）及び第27条において準用する場合を含む。)、第24条の4の2第1項若しくは第2項（これらの規定を同条第3項（同条第4項において準用する場合を含む。）及び第4項（これらの規定を第24条の4の8第1項及び第24条の5の2第1項において準用し、並びにこれらの規定を第27条において準用する場合を含む。）並びに第27条において準用する場合を含む。)、第24条の4の4第1項若しくは第2項（これらの規定を同条第3項（第27条において準用する場合を含む。）及び第27条において準用する場合を含む。)、第24条の4の

| 7 第 1 項若しくは第 2 項（これらの規定を同条第 3 項（第 27 条において準用する場合を含む。）及び第 27 条において準用する場合を含む。）、第 24 条の 5 第 1 項（同条第 3 項（第 27 条において準用する場合を含む。）において準用する場合を含む。）若しくは第 4 項（これらの規定を第 27 条において準用する場合を含む。）、第 24 条の 6 第 1 項、第 24 条の 7 第 1 項若しくは第 2 項（これらの規定を同条第 6 項（第 27 条において準用する場合を含む。）及び第 27 条において準用する場合を含む。）、第 25 条第 4 項（第 27 条において準用する場合を含む。）、第 27 条の 3 第 2 項（第 27 条の 22 の 2 第 2 項において準用する場合を含む。）、第 27 条の 8 第 1 項から第 4 項まで（同項後段を除き、これらの規定を第 27 条の 10 第 8 項及び第 12 項、第 27 条の 13 第 3 項並びに第 27 条の 22 の 2 第 2 項及び第 7 項において準用する場合を含む。）、第 27 条の 10 第 1 項若しくは第 11 項、第 27 条の 11 第 3 項（第 27 条の 22 の 2 第 2 項において準用する場合を含む。）、第 27 条の 13 第 2 項（第 27 条の 22 の 2 第 2 項において準用する場合を含む。）、第 27 条の 23 第 1 項、第 27 条の 25 第 1 項<u>若しくは第 3 項</u>、第 27 条の 26 各項若しくは第 27 条の 29 第 1 項において準用する第 9 条第 1 項（同項後段を除く。）若しくは第 10 条第 1 項（同項後段を除く。）の規定による手続（これらの手続により書類を提出する場合に添付しなければならないものの提出を含む。以下この章において「電子開示手続」という。）又は第 4 条第 6 項（第 23 条の 8 第 4 項（第 | 7 第 1 項若しくは第 2 項（これらの規定を同条第 3 項（第 27 条において準用する場合を含む。）及び第 27 条において準用する場合を含む。）、第 24 条の 5 第 1 項（同条第 3 項（第 27 条において準用する場合を含む。）において準用する場合を含む。）若しくは第 4 項（これらの規定を第 27 条において準用する場合を含む。）、第 24 条の 6 第 1 項、第 24 条の 7 第 1 項若しくは第 2 項（これらの規定を同条第 6 項（第 27 条において準用する場合を含む。）及び第 27 条において準用する場合を含む。）、第 25 条第 4 項（第 27 条において準用する場合を含む。）、第 27 条の 3 第 2 項（第 27 条の 22 の 2 第 2 項において準用する場合を含む。）、第 27 条の 8 第 1 項から第 4 項まで（同項後段を除き、これらの規定を第 27 条の 10 第 8 項及び第 12 項、第 27 条の 13 第 3 項並びに第 27 条の 22 の 2 第 2 項及び第 7 項において準用する場合を含む。）、第 27 条の 10 第 1 項若しくは第 11 項、第 27 条の 11 第 3 項（第 27 条の 22 の 2 第 2 項において準用する場合を含む。）、第 27 条の 13 第 2 項（第 27 条の 22 の 2 第 2 項において準用する場合を含む。）、第 27 条の 23 第 1 項、第 27 条の 25 第 1 項、<u>第 3 項若しくは第 4 項</u>、第 27 条の 26 各項若しくは第 27 条の 29 第 1 項において準用する第 9 条第 1 項（同項後段を除く。）若しくは第 10 条第 1 項（同項後段を除く。）の規定による手続（これらの手続により書類を提出する場合に添付しなければならないものの提出を含む。以下この章において「電子開示手続」という。）又は第 4 条第 6 項（第 23 条の 8 第 4 |

改　正　後	改　正　前
27条において準用する場合を含む。）において準用する場合を含む。）若しくは第27条の5第2号の規定による手続その他政令で定める手続（これらの手続により書類を提出する場合に添付しなければならないものの提出を含む。以下この章において「任意電子開示手続」という。）を行う者の使用に係る入出力装置並びに金融商品取引所及び政令で定める認可金融商品取引業協会の使用に係る入出力装置とを電気通信回線で接続した電子情報処理組織をいう。	項（第27条において準用する場合を含む。）において準用する場合を含む。）若しくは第27条の5第2号の規定による手続その他政令で定める手続（これらの手続により書類を提出する場合に添付しなければならないものの提出を含む。以下この章において「任意電子開示手続」という。）を行う者の使用に係る入出力装置並びに金融商品取引所及び政令で定める認可金融商品取引業協会の使用に係る入出力装置とを電気通信回線で接続した電子情報処理組織をいう。

法27条の25の改正に伴う形式的な改正を行っている。

第27条の30の6（金融商品取引所等に対する書類の写しの提出等に代わる通知等）

表題

改　正　後	改　正　前
（金融商品取引所等に対する書類の写しの提出等に代わる<u>通知等</u>）	（金融商品取引所等に対する書類の写しの提出等に代わる<u>通知</u>）

本条3項の新設に伴う所要の改正を行っている。

第3項　新設

改　正　後
<u>3　第27条の27（第27条の29第2項において準用する場合を含む。以下この項において同じ。）に規定する株券等の保有者は、第27条の27に規定する書類（以下この項において「大量保有報告書等」という。）の提出の手続を開示用電子情報処理組織を使用して行つた場合（磁気ディスクの提出により当該手続を行つた場合を含む。）には、その大量保有報告書等については、同条の規定による発行者に対</u>

> するその写しの送付をすることを要しない。

　大量保有報告書等の写しを発行者に送付する義務を、当該書類がEDINETを通じて提出されたこと（磁気ディスクの提出による場合を含む）をもって免除することとしている。

　改正前は、大量保有報告書等を提出した者は、遅滞なく、これらの書類の写しを発行者に対して送付しなければならないこととされている（改正前金商法27条の27）。

　このような発行者への写しの送付義務は、発行者が大株主の状況について関連する開示書類（臨時報告書等）を作成する立場にあること等に鑑み、いわば発行者の開示書類作成のための情報収集の負担を軽減させる観点から設けられているものである。この点、インターネットが普及しEDINETも整備された今日では、EDINETを通じて提出された大量保有報告書等について、発行者が即時かつ容易にアクセスし得る環境が整備されている状況にあること等に鑑みると、そのような大量保有報告書等については、写しの送付を受けなくとも、発行者の開示書類作成のための情報収集の負担が十分軽減されているものと考えられる。

　こうした点に鑑み、改正法では、大量保有報告書等がEDINETを通じて提出された場合（磁気ディスクの提出による場合を含む）について、発行者への写しの送付義務を免除することとしている。

第2章の5　特定証券情報等の提供又は公表

第27条の34（虚偽の特定情報に係る賠償責任）

改　正　後	改　正　前
第27条の34　第21条の2から第22条までの規定は、特定情報（特定証券等情報又は発行者等情報（発行者情報又は訂正発行者情報をいう。以下同じ。）をいう。第27条の35第1項において同じ。）について準用する。この場合において、第21条の2第1項中「第25条第1項各号（第5号及び第9号を除く。）に掲げる書類（以下この条において「書類」という。）」とあるのは「特定情報（第27条の34に規定する特定情報をいう。以下同じ。）であつて第27条の31第2項、第4項若しくは第5項又は第27条の32の規定により公表されたもの（以下「公表情報」という。）」と、「虚偽の記載」とあるのは「虚偽の情報」と、「記載すべき」とあるのは「提供し、若しくは公表すべき」と、「事実の記載」とあるのは「事実に関する情報」と、「書類の提出者」とあるのは「公表情報を公表した発行者」と、「書類が同項の規定により公衆の縦覧に供されている間に当該書類（同項第12号に掲げる書類を除く。）の提出者又は当該書類（同号に掲げる書類に限る。）の提出者を親会社等（第24条の7第1項に規定する親会社等をいう。）とする者が発行者である」とあるのは「公表情報がこれらの規定により公表されている間に当該発行者の」と、「<u>若しくは売出し</u>」とあるのは「若しくは売出し<u>若しくは</u>特定勧誘等（第	第27条の34　第21条の2から第22条までの規定は、特定情報（特定証券等情報又は発行者等情報（発行者情報又は訂正発行者情報をいう。以下同じ。）をいう。第27条の35第1項において同じ。）について準用する。この場合において、第21条の2第1項中「第25条第1項各号（第5号及び第9号を除く。）に掲げる書類（以下この条において「書類」という。）」とあるのは「特定情報（第27条の34に規定する特定情報をいう。以下同じ。）であつて第27条の31第2項、第4項若しくは第5項又は第27条の32の規定により公表されたもの（以下「公表情報」という。）」と、「虚偽の記載」とあるのは「虚偽の情報」と、「記載すべき」とあるのは「提供し、若しくは公表すべき」と、「事実の記載」とあるのは「事実に関する情報」と、「書類の提出者」とあるのは「公表情報を公表した発行者」と、「書類が同項の規定により公衆の縦覧に供されている間に当該書類（同項第12号に掲げる書類を除く。）の提出者又は当該書類（同号に掲げる書類に限る。）の提出者を親会社等（第24条の7第1項に規定する親会社等をいう。）とする者が発行者である」とあるのは「公表情報がこれらの規定により公表されている間に当該発行者の」と、「<u>又は売出し</u>」とあるのは「若しくは売出し<u>又は</u>特定勧誘等（第27条

27条の31第1項に規定する特定勧誘等をいう。以下同じ。)」と、「記載が虚偽」とあるのは「情報が虚偽」と、「虚偽記載等」とあるのは「虚偽情報等」と、同条第2項中「書類の虚偽記載等」とあるのは「公表情報に係る虚偽情報等」と、同条第3項中「書類の虚偽記載等」とあるのは「公表情報に係る虚偽情報等」と、「当該虚偽記載等」とあるのは「当該虚偽情報等」と、同条第4項中「虚偽記載等の」とあるのは「虚偽情報等の」と、「書類の提出者」とあるのは「公表情報を公表した発行者」と、「当該提出者」とあるのは「当該発行者」と、「書類の虚偽記載等」とあるのは「公表情報に係る虚偽情報等」と、「記載すべき」とあるのは「提供し、若しくは公表すべき」と、「第25条第1項の規定による公衆の縦覧その他の手段により」とあるのは「内閣府令で定めるところにより」と、同条第5項及び第6項中「書類の虚偽記載等」とあるのは「公表情報に係る虚偽情報等」と、第21条の3中「第21条の2」とあるのは「第27条の34において読み替えて準用する第21条の2」と、「第25条第1項各号（第5号及び第9号を除く。）に掲げる書類」とあるのは「公表情報（第27条の34において読み替えて準用する第21条の2第1項に規定する公表情報をいう。以下同じ。）」と、「「3年間」とあるのは「2年間」と」とあるのは「「虚偽の記載」とあるのは「虚偽の情報」と、「記載すべき」とあるのは「提供し、若しくは公表すべき」と、「事実の記載」とあるのは「事実に関する情報」と、「3年間」とあるのは「2年間」と」と、「当該書類が提出された時から5年間」とあるのは

の31第1項に規定する特定勧誘等をいう。以下同じ。)」と、「記載が虚偽」とあるのは「情報が虚偽」と、「虚偽記載等」とあるのは「虚偽情報等」と、同条第2項中「書類の虚偽記載等」とあるのは「公表情報に係る虚偽情報等」と、「当該虚偽記載等」とあるのは「当該虚偽情報等」と、同条第3項中「虚偽記載等の」とあるのは「虚偽情報等の」と、「書類の提出者」とあるのは「公表情報を公表した発行者」と、「当該提出者」とあるのは「当該発行者」と、「書類の虚偽記載等」とあるのは「公表情報に係る虚偽情報等」と、「記載すべき」とあるのは「提供し、若しくは公表すべき」と、「第25条第1項の規定による公衆の縦覧その他の手段により」とあるのは「内閣府令で定めるところにより」と、同条第4項及び第5項中「書類の虚偽記載等」とあるのは「公表情報に係る虚偽情報等」と、第21条の3中「第21条の2」とあるのは「第27条の34において読み替えて準用する第21条の2」と、「第25条第1項各号（第5号及び第9号を除く。）に掲げる書類」とあるのは「公表情報（第27条の34において読み替えて準用する第21条の2第1項に規定する公表情報をいう。以下同じ。）」と、「「3年間」とあるのは「2年間」と」とあるのは「「虚偽の記載」とあるのは「虚偽の情報」と、「記載すべき」とあるのは「提供し、若しくは公表すべき」と、「事実の記載」とあるのは「事実に関する情報」と、「3年間」とあるのは「2年間」と、「当該書類が提出された時から5年間」とあるのは「当該公表情報が公表された日から

が提出された時から5年間」とあるのは「当該公表情報が公表された日から5年間」と、第22条第1項中「有価証券届出書のうちに」とあるのは「特定情報のうちに」と、「虚偽の記載」とあるのは「虚偽の情報」と、「記載すべき」とあるのは「提供し、若しくは公表すべき」と、「事実の記載」とあるのは「事実に関する情報」と、「第21条第1項第1号及び第3号に掲げる者」とあるのは「当該特定情報を提供し、若しくは公表した発行者の、その提供若しくは公表の時における役員（第21条第1項第1号に規定する役員をいう。）又は当該発行者の発起人その他これに準ずる者（その提供又は公表が発行者の成立又は発足前にされたときに限る。）」と、「記載が虚偽」とあるのは「情報が虚偽」と、「有価証券届出書の届出者が発行者である」とあるのは「特定情報を提供し、若しくは公表した発行者の」と、「募集若しくは売出しによらないで取得した者又は処分した者」とあるのは「取得した者（当該特定情報が公表されていない場合にあつては、当該特定情報の提供を受けた者に限り、当該特定情報が特定証券等情報（第27条の33に規定する特定証券等情報をいう。）である場合にあつては、募集若しくは売出し又は特定勧誘等によらないで取得した者に限る。）又は処分した者（当該特定情報が公表されていない場合にあつては、当該特定情報の提供を受けた者に限る。）」と、同条第2項中「及び第2号の規定」とあるのは「の規定」と読み替えるものとするほか、必要な技術的読替えは、政令で定める。

5年間」と、第22条第1項中「有価証券届出書のうちに」とあるのは「特定情報のうちに」と、「虚偽の記載」とあるのは「虚偽の情報」と、「記載すべき」とあるのは「提供し、若しくは公表すべき」と、「事実の記載」とあるのは「事実に関する情報」と、「第21条第1項第1号及び第3号に掲げる者」とあるのは「当該特定情報を提供し、若しくは公表した発行者の、その提供若しくは公表の時における役員（第21条第1項第1号に規定する役員をいう。）又は当該発行者の発起人その他これに準ずる者（その提供又は公表が発行者の成立又は発足前にされたときに限る。）」と、「記載が虚偽」とあるのは「情報が虚偽」と、「有価証券届出書の届出者が発行者である」とあるのは「特定情報を提供し、若しくは公表した発行者の」と、「募集又は売出しによらないで取得した者」とあるのは「取得した者（当該特定情報が公表されていない場合にあつては、当該特定情報の提供を受けた者に限り、当該特定情報が特定証券等情報（第27条の33に規定する特定証券等情報をいう。）である場合にあつては、募集若しくは売出し又は特定勧誘等によらないで取得した者に限る。）」と、同条第2項中「及び第2号の規定」とあるのは「の規定」と読み替えるものとするほか、必要な技術的読替えは、政令で定める。

法21条の2、22条の改正に伴う形式的な改正を行っている。

第27条の34の2（外国証券情報に係る違反行為者の賠償責任）第3項

改　正　後	改　正　前
3　外国証券情報であつて第27条の32の2第3項の規定により公表されたもの（以下この項において「公表情報」という。）のうちに、重要な事項について虚偽の情報があり、又は提供し、若しくは公表すべき重要な事項若しくは誤解を生じさせないために必要な重要な事実に関する情報が欠けているときは、当該公表情報を公表した金融商品取引業者等は、当該公表情報が同条第3項の規定により公表されている間に情報が虚偽であり、又は欠けていることを知らないで当該金融商品取引業者等から当該公表情報に係る有価証券を募集若しくは売出し若しくは特定勧誘等によらないで取得した者又は処分した者に対し、情報が虚偽であり、又は欠けていることにより生じた損害を賠償する責めに任ずる。ただし、賠償の責めに任ずべき金融商品取引業者等が、情報が虚偽であり、又は欠けていることを知らず、かつ、相当な注意を用いたにもかかわらず知ることができなかつたことを証明したときは、この限りでない。	3　外国証券情報であつて第27条の32の2第3項の規定により公表されたもの（以下この項において「公表情報」という。）のうちに、重要な事項について虚偽の情報があり、又は提供し、若しくは公表すべき重要な事項若しくは誤解を生じさせないために必要な重要な事実に関する情報が欠けているときは、当該公表情報を公表した金融商品取引業者等は、当該公表情報が同条第3項の規定により公表されている間に情報が虚偽であり、又は欠けていることを知らないで当該金融商品取引業者等から当該公表情報に係る有価証券を募集若しくは売出し又は特定勧誘等によらないで取得した者に対し、情報が虚偽であり、又は欠けていることにより生じた損害を賠償する責めに任ずる。ただし、賠償の責めに任ずべき金融商品取引業者等が、情報が虚偽であり、又は欠けていることを知らず、かつ、相当な注意を用いたにもかかわらず知ることができなかつたことを証明したときは、この限りでない。

法21条の2第1項、22条と同趣旨の改正を行っている。

第3章　金融商品取引業者等

第1節　総則

第2款　金融商品取引業者

第29条の2（登録の申請）
第1項

改　正　後	改　正　前
第29条の2　前条の登録を受けようとする者は、次に掲げる事項を記載した登録申請書を内閣総理大臣に提出しなければならない。	第29条の2　前条の登録を受けようとする者は、次に掲げる事項を記載した登録申請書を内閣総理大臣に提出しなければならない。<u>この場合において、第一種金融商品取引業を行おうとする外国法人は、国内における代表者（当該外国法人が第一種金融商品取引業を行うため国内に設ける全ての営業所又は事務所の業務を担当するものに限る。）を定めて当該登録申請書を提出しなければならない。</u>
一～五　（略）	一～五　（略）
<u>六　第3条各号に掲げる有価証券又は金融商品取引所に上場されていない有価証券（政令で定めるものを除く。）について、電子募集取扱業務（電子情報処理組織を使用する方法その他の情報通信の技術を利用する方法であつて内閣府令で定めるものにより第2条第8項第9号に掲げる行為を業として行うことをいう。以下この章において同じ。）を行う場合にあつては、その旨</u>	（新設）
<u>七</u>～<u>九</u>　（略）	六～<u>八</u>　（略）

(1) 柱書き

法29条の4第1項4号を改正し、第一種金融商品取引業、第二種金融商品取引業又は投資運用業を行おうとする外国法人について、国内における代表者を定めていないことを登録拒否事由として定めることに伴い、第一種金融商品取引業者の登録申請書について、国内における全ての営業所又は事務所の業務を担当する代表者を定めて提出するように求めていた部分を削除することとしている。

(2) 第6号

WG報告書においては、「投資型クラウドファンディングが詐欺的な行為に悪用され、ひいては投資型クラウドファンディング全体に対する信頼感が失墜することのないよう、投資者保護のための必要な措置を講じること」が提言されており、当該提言を踏まえ、改正法においては、投資者保護のための各種の措置が講じられている。

そもそもインターネットは、不特定多数の者に対して開かれた情報通信手段であり、利用するために多額のコストを要しない。また、インターネットはどこからでも手軽にアクセスできるものであるため、そこで取引を行おうとする者にとって意思決定の心理的障壁が低いという特性もあるものと考えられる。

こうしたインターネットの特性に鑑みると、そこを通じて行われる資金調達には詐欺的な行為に悪用されやすいという側面もあるものと考えられ、仲介者である金融商品取引業者等が有価証券の発行者に対して最低限のチェックを行う必要性が高いものと考えられる。また、投資者が十分な情報を得ないまま安易に投資の意思決定をしてしまうことを回避するためには、仲介者である金融商品取引業者等のウェブサイトにおいて、投資の意思決定に影響を与える情報を投資者が閲覧できる状態に置くことの必要性が高いものと考えられる。

この点に関して、現行の法の下では、有価証券の募集の取扱い等をインターネットを通じて行うことについて、その特性に鑑みた規制は特段設けられていない。そこで改正法では、「電子情報処理組織を使用する方法そ

の他の情報通信の技術を利用する方法であつて内閣府令で定めるものにより第2条第8項第9号に掲げる行為を業として行うこと」[注1][注2]を「電子募集取扱業務」と位置付け（改正法による改正後の法29条の2第1項6号）、法3条各号に掲げる有価証券または金融商品取引所に上場されていない有価証券（ただし、政令で定めるものを除く[注3]。以下「一定の有価証券」という）について電子募集取扱業務を行う金融商品取引業者等に対して、以下のような義務を課すこととしている。

① 電子募集取扱業務を行う旨を登録申請書に記載して登録または変更登録を受けること（改正法による改正後の法29条の2第1項6号、31条4項、33条の3第1項5号）

② 有価証券の発行者やその事業計画を審査するための措置等を講じること（改正法による改正後の法29条の4第1項1号ヘ、33条の5第1項5号、35条の3）

③ ウェブサイトにおいて有価証券の発行者に関する情報等を投資者が閲覧できる状態に置くこと（改正法による改正後の法43条の5）

(注1) 内閣府令において、ウェブサイトを利用する方法等を規定することを予定している。

(注2) 有価証券を一旦第三者に発行して有価証券の売出しの形式により投資者に販売する可能性も考えられることから、インターネットを通じて行われる有価証券の募集の取扱い又は私募の取扱いのみならず、インターネットを通じて行われる有価証券の売出しの取扱い又は特定投資家向け売付け勧誘等の取扱いも「電子募集取扱業務」に含めることとしている。

(注3) 法3条各号に掲げる有価証券以外の有価証券であって、かつ、金融商品取引所に上場されているものは、公衆縦覧型の開示の対象となるため、かかる有価証券について電子募集取扱業務を行う金融商品取引業者等に対して①〜③の義務を課す必要はないと考えられる。そこで、改正法では、同義務の対象となるのは、法3条各号に掲げる有価証券または金融商品取引所に上場されていない有価証券について電子募集取扱業務を行う金融商品取引業者等に限ることとしている。ただし、形式的にこれらの有価証券に該当するものの、公衆縦覧型の開示が行われている有価証券なども存在することから、そのような有価証券については政令において電子募集取扱業務の対象範囲から除くことを予定している。

第2項

改 正 後	改 正 前
2　前項の登録申請書には、次に掲げる書類を添付しなければならない。 一　第29条の4第1項各号（第1号ニからヘまで、第4号ニ及び第5号ハを除く。）のいずれにも該当しないことを誓約する書面 二・三　（略）	2　前項の登録申請書には、次に掲げる書類を添付しなければならない。 一　第29条の4第1項各号（第1号ハ及びニ並びに第5号ハを除く。）のいずれにも該当しないことを誓約する書面 二・三　（略）

　登録申請書には、登録拒否要件のいずれにも該当しないことを誓約する書面を添付しなければならないが、一定の事項については、誓約の対象から除外されている。
　本項では、法29条の4第1項1号ヘにおいて新設する「金融商品取引業を適確に遂行するための必要な体制が整備されていると認められない者」に該当しないことについても、誓約の対象から除外するほか、同号にロを新設することに伴う号ずれの形式的修正を行うこととしている。

第29条の4（登録の拒否）

第1項

改 正 後	改 正 前
第29条の4　内閣総理大臣は、登録申請者が次の各号のいずれかに該当するとき、又は登録申請書若しくはこれに添付すべき書類若しくは電磁的記録のうちに虚偽の記載若しくは記録があり、若しくは重要な事実の記載若しくは記録が欠けているときは、その登録を拒否しなければならない。 一　次のいずれかに該当する者 　イ　（略） 　ロ　次のいずれかに該当する者	第29条の4　内閣総理大臣は、登録申請者が次の各号のいずれかに該当するとき、又は登録申請書若しくはこれに添付すべき書類若しくは電磁的記録のうちに虚偽の記載若しくは記録があり、若しくは重要な事実の記載若しくは記録が欠けているときは、その登録を拒否しなければならない。 一　次のいずれかに該当する者 　イ　（略） （新設）

(1) 第52条第1項、第53条第3項又は第57条の6第3項の規定による第29条の登録の取消しの処分に係る行政手続法第15条の規定による通知があつた日から当該処分をする日又は処分をしないことの決定をする日までの間に第50条の2第1項第2号、第6号又は第7号に該当する旨の同項の規定による届出をした者（当該通知があつた日以前に金融商品取引業を廃止し、分割により金融商品取引業に係る事業の全部を承継させ、又は金融商品取引業に係る事業の全部の譲渡をすることについての決定（当該者が法人であるときは、その業務執行を決定する機関の決定をいう。）をしていた者を除く。）で、当該届出の日から5年を経過しないもの

(2) 第60条の8第1項の規定による第60条第1項の許可の取消しの処分に係る行政手続法第15条の規定による通知があつた日から当該処分をする日又は処分をしないことの決定をする日までの間に取引所取引業務（同項に規定する取引所取引業務をいう。以下この号及び次号ヘ(2)において同じ。）を廃止したことにより第60条の7に規定する場合に該当する旨の同条の規定による届出をした場合における当該届出に係る取引所取引許可業者（第60条の4第1項に規定する取引所取引許可業者を

いう。以下この号及び次号において同じ。）（当該通知があつた日以前に取引所取引業務を廃止することについての決定（当該取引所取引許可業者の業務執行を決定する機関の決定をいう。）をしていた者を除く。）で、当該届出の日から5年を経過しないもの

(3) 第66条の20第1項の規定による第66条の登録の取消しの処分に係る行政手続法第15条の規定による通知があつた日から当該処分をする日又は処分をしないことの決定をする日までの間に第66条の19第1項第1号に該当する旨の同項の規定による届出をした者（当該通知があつた日以前に金融商品仲介業を廃止し、分割により金融商品仲介業に係る事業の全部を承継させ、又は金融商品仲介業に係る事業の全部の譲渡をすることについての決定（当該者が法人であるときは、その業務執行を決定する機関の決定をいう。）をしていた者を除く。）で、当該届出の日から5年を経過しないもの

(4) 第66条の42第1項の規定による第66条の27の登録の取消しの処分に係る行政手続法第15条の規定による通知があつた日から当該処分をする日又は処分をしないことの決定をする日までの間に第66条の40第1項第1号に該当する旨の同項の規定による届出をした者（当該通知

があつた日以前に信用格付業を廃止し、分割により信用格付業に係る事業の<u>全部を承継させ、又は信用格付業に係る事業の全部の</u>譲渡をすることについての決定（当該者の業務執行を決定する機関の決定をいう。）をしていた者を除く。）で、当該届出の日から５年を経過しないもの	
<u>ハ</u>〜<u>ホ</u>　（略）	ロ〜ニ　（略）
<u>ヘ　金融商品取引業を適確に遂行するための必要な体制が整備されていると認められない者</u>	（新設）
二　法人である場合においては、役員（相談役、顧問その他いかなる名称を有する者であるかを問わず、当該法人に対し取締役、執行役又はこれらに準ずる者と同等以上の支配力を有するものと認められる者を含む。以下この号、第52条第２項、第52条の２第２項並びに第57条の20第１項第１号及び第３項において同じ。）又は政令で定める使用人のうちに次のいずれかに該当する者のある者	二　法人である場合においては、役員（相談役、顧問その他いかなる名称を有する者であるかを問わず、当該法人に対し取締役、執行役又はこれらに準ずる者と同等以上の支配力を有するものと認められる者を含む。以下この号、第52条第２項、第52条の２第２項並びに第57条の20第１項第１号及び第３項において同じ。）又は政令で定める使用人のうちに次のいずれかに該当する者のある者
イ〜ハ　（略）	イ〜ハ　（略）
ニ　金融商品取引業者であつた法人が第52条第１項、第53条第３項若しくは第57条の６第３項の規定により第29条の登録を取り消されたことがある場合、取引所取引許可業者であつた法人が第60条の８第１項の規定により第60条第１項の許可を取り消されたとがある場合、金融商品仲介業者であつた法人が第66条の20第１項の規定により第66条の登録を	ニ　金融商品取引業者であつた法人が第52条第１項、第53条第３項若しくは第57条の６第３項の規定により第29条の登録を取り消されたことがある場合、<u>第60条の４第１項に規定する</u>取引所取引許可業者であつた法人が第60条の８第１項の規定により第60条第１項の許可を取り消されたことがある場合、金融商品仲介業者であつた法人が第66条の20第１項

取り消されたことがある場合若しくは信用格付業者であつた法人が第66条の42第1項の規定により第66条の27の登録を取り消されたことがある場合又はこの法律に相当する外国の法令の規定により当該外国において受けていた同種類の登録若しくは許可（当該登録又は許可に類する認可その他の行政処分を含む。）を取り消されたことがある場合において、その取消しの日前30日以内にこれらの法人の役員であつた者でその取消しの日から5年を経過しない者	の規定により第66条の登録を取り消されたことがある場合若しくは信用格付業者であつた法人が第66条の42第1項の規定により第66条の27の登録を取り消されたことがある場合又はこの法律に相当する外国の法令の規定により当該外国において受けていた同種類の登録若しくは許可（当該登録又は許可に類する認可その他の行政処分を含む。）を取り消されたことがある場合において、その取消しの日前30日以内にこれらの法人の役員であつた者でその取消しの日から5年を経過しない者
ホ （略）	ホ （略）
<u>ヘ 次のいずれかに該当する者</u> <u>(1) 第52条第1項、第53条第3項又は第57条の6第3項の規定による第29条の登録の取消しの処分に係る行政手続法第15条の規定による通知があつた日から当該処分をする日又は処分をしないことの決定をする日までの間に第50条の2第1項第2号から第7号までのいずれかに該当する旨の同項の規定による届出をした者（同項第3号から第5号までのいずれかに該当する旨の同項の規定による届出をした場合にあつては、当該届出に係る金融商品取引業者であつた法人をいい、当該通知があつた日以前に金融商品取引業を廃止し、合併（金融商品取引業者が合併により消滅する場合の当該合併に限る。）をし、解散をし、分割により金融商品取引</u>	（新設）

業に係る事業の全部を承継させ、又は金融商品取引業に係る事業の全部の譲渡をすることについての決定（当該者の業務執行を決定する機関の決定をいう。）をしていた者を除く。）が法人であつた場合において、当該法人の役員であつた者で、当該届出の日から５年を経過しないもの
⑵　第60条の８第１項の規定による第60条第１項の許可の取消しの処分に係る行政手続法第15条の規定による通知があつた日から当該処分をする日又は処分をしないことの決定をする日までの間に第60条の７に規定する場合に該当する旨の同条の規定による届出をした場合における当該届出に係る取引所取引許可業者（当該通知があつた日以前に解散をし、又は取引所取引業務を廃止することについての決定（当該取引所取引許可業者の業務執行を決定する機関の決定をいう。）をしていた者を除く。）の役員であつた者で、当該届出の日から５年を経過しないもの
⑶　第66条の20第１項の規定による第66条の登録の取消しの処分に係る行政手続法第15条の規定による通知があつた日から当該処分をする日又は処分をしないことの決定をする日までの間に第66条の19第１項第１号又は第３号から第５号までのいずれかに該当する旨の同項の

規定による届出をした者（同項第3号から第5号までのいずれかに該当する旨の同項の規定による届出をした場合にあつては、当該届出に係る金融商品仲介業者であつた法人をいい、当該通知があつた日以前に金融商品仲介業を廃止し、分割により金融商品仲介業に係る事業の全部を承継させ、金融商品仲介業に係る事業の全部の譲渡をし、合併（金融商品仲介業者が合併により消滅する場合の当該合併に限る。）をし、又は解散することについての決定（当該者の業務執行を決定する機関の決定をいう。）をしていた者を除く。）が法人であつた場合において、当該法人の役員であつた者で、当該届出の日から5年を経過しないもの

(4) 第66条の42第1項の規定による第66条の27の登録の取消しの処分に係る行政手続法第15条の規定による通知があつた日から当該処分をする日又は処分をしないことの決定をする日までの間に第66条の40第1項各号のいずれかに該当する旨の同項の規定による届出をした者（同項第2号から第4号までのいずれかに該当する旨の同項の規定による届出をした場合にあつては、当該届出に係る信用格付業者であつた法人をいい、当該通知があつた日以前に信用格付業を廃止し、分割により信用格付業に係る事業の全部を承継

させ、信用格付業に係る事業の全部の譲渡をし、合併（信用格付業者が合併により消滅する場合の当該合併に限る。）をし、又は解散することについての決定（当該者の業務執行を決定する機関の決定をいう。）をしていた者を除く。）の役員であつた者で、当該届出の日から５年を経過しないもの	
ト　個人であつて、前号ロに該当する者	（新設）
チ　（略）	ヘ　（略）
リ　前号ハに規定する法律の規定若しくは暴力団員による不当な行為の防止等に関する法律（平成３年法律第77号）の規定（同法第32条の３第７項及び第32条の11第１項の規定を除く。）若しくはこれらに相当する外国の法令の規定に違反し、又は刑法（明治40年法律第45号）若しくは暴力行為等処罰に関する法律（大正15年法律第60号）の罪を犯し、罰金の刑（これに相当する外国の法令による刑を含む。）に処せられ、その刑の執行を終わり、又はその刑の執行を受けることがなくなつた日から５年を経過しない者	ト　前号ロに規定する法律の規定若しくは暴力団員による不当な行為の防止等に関する法律（平成３年法律第77号）の規定（同法第32条の３第７項及び第32条の11第１項の規定を除く。）若しくはこれらに相当する外国の法令の規定に違反し、又は刑法（明治40年法律第45号）若しくは暴力行為等処罰に関する法律（大正15年法律第60号）の罪を犯し、罰金の刑（これに相当する外国の法令による刑を含む。）に処せられ、その刑の執行を終わり、又はその刑の執行を受けることがなくなつた日から５年を経過しない者
三　個人である場合においては、前号イからチまで若しくはリ（第１号ハに規定する法律の規定に係る部分を除く。）のいずれかに該当する者又は政令で定める使用人のうち前号イからリまでのいずれかに該当する者のある者	三　個人である場合においては、前号イからヘまで若しくはト（第１号ロに規定する法律の規定に係る部分を除く。）のいずれかに該当する者又は政令で定める使用人のうち前号イからトまでのいずれかに該当する者のある者
四　第一種金融商品取引業、第二種金融商品取引業又は投資運用業を行お	四　第一種金融商品取引業、第二種金融商品取引業又は投資運用業を行お

うとする場合（個人である場合を除く。）にあつては、次のいずれかに該当する者

　イ　資本金の額又は出資の総額が、公益又は投資者保護のため必要かつ適当なものとして政令で定める金額に満たない者
　ロ　国内に営業所又は事務所を有しない者
　ハ　外国法人であつて国内における代表者（当該外国法人が第一種金融商品取引業、第二種金融商品取引業又は投資運用業を行うため国内に設ける全ての営業所又は事務所の業務を担当するものに限る。）を定めていない者
　ニ　協会（認可金融商品取引業協会又は第78条第2項に規定する認定金融商品取引業協会をいい、登録申請者が行おうとする業務を行う者を主要な協会員又は会員とするものに限る。以下この号及び第33条の5第1項第4号において同じ。）に加入しない者であつて、協会の定款その他の規則（有価証券の売買その他の取引若しくは第33条第3項に規定するデリバティブ取引等を公正かつ円滑にすること又は投資者の保護に関するものに限る。）に準ずる内容の社内規則（当該者又はその役員若しくは使用人が遵守すべき規則をいう。）を作成していないもの又は当該社内規則を遵守するための体制を整備していないもの

うとする場合（個人である場合を除く。）にあつては、資本金の額又は出資の総額が、公益又は投資者保護のため必要かつ適当なものとして政令で定める金額に満たない者

| 五　第一種金融商品取引業又は投資運用業を行おうとする場合にあつては、次のいずれかに該当する者
　イ　株式会社（取締役会及び監査役又は委員会（会社法第２条第12号に規定する委員会をいう。）を置くものに限る。）又は外国の法令に準拠して設立された取締役会設置会社と同種類の法人（第一種金融商品取引業を行おうとする場合にあつては、当該外国の法令に準拠し、当該外国において第一種金融商品取引業と同種類の業務を行つている者（これに類するものとして政令で定める者を含む。）に限る。）でない者

　ロ・ハ　（略）
　ニ　個人である主要株主（登録申請者が持株会社（私的独占の禁止及び公正取引の確保に関する法律（昭和22年法律第54号）第９条第４項第１号に規定する持株会社をいう。以下この号及び第32条の４において同じ。）の子会社であるときは、当該持株会社の主要株主を含む。ホ及びへにおいて同じ。）のうちに次のいずれかに該当する者のある法人（外国法人を除く。）
　⑴　成年被後見人若しくは被保佐人又は外国の法令上これらと同様に取り扱われている者であつて、その法定代理人が第２号イからリまでのいずれかに該当するもの
　⑵　第２号ロからリまでのいずれかに該当する者 | 五　第一種金融商品取引業又は投資運用業を行おうとする場合にあつては、次のいずれかに該当する者
　イ　株式会社（取締役会及び監査役又は委員会（会社法第２条第12号に規定する委員会をいう。）を置くものに限る。）又は外国の法令に準拠して設立された取締役会設置会社と同種類の法人（第一種金融商品取引業を行おうとする場合にあつては、当該外国の法令に準拠し、当該外国において第一種金融商品取引業と同種類の業務を行つている者（これに類するものとして政令で定める者を含む。）であつて、国内に営業所又は事務所を有する者に限る。）でない者
　ロ・ハ　（略）
　ニ　個人である主要株主（登録申請者が持株会社（私的独占の禁止及び公正取引の確保に関する法律（昭和22年法律第54号）第９条第４項第１号に規定する持株会社をいう。以下この号及び第32条の４において同じ。）の子会社であるときは、当該持株会社の主要株主を含む。ホ及びへにおいて同じ。）のうちに次のいずれかに該当する者のある法人（外国法人を除く。）
　⑴　成年被後見人若しくは被保佐人又は外国の法令上これらと同様に取り扱われている者であつて、その法定代理人が第２号イからトまでのいずれかに該当するもの
　⑵　第２号ロからトまでのいずれかに該当する者 |

ホ　法人である主要株主のうちに次のいずれかに該当する者のある法人（外国法人を除く。） (1)　第1号イ又はロに該当する者 (2)　第1号ハに規定する法律の規定又はこれらに相当する外国の法令の規定に違反し、罰金の刑（これに相当する外国の法令による刑を含む。）に処せられ、その刑の執行を終わり、又はその刑の執行を受けることがなくなつた日から5年を経過しない者 (3)　法人を代表する役員のうちに第2号イからリまでのいずれかに該当する者のある者 ヘ　（略） 六　（略）	ホ　法人である主要株主のうちに次のいずれかに該当する者のある法人（外国法人を除く。） (1)　第1号イに該当する者 (2)　第1号ロに規定する法律の規定又はこれらに相当する外国の法令の規定に違反し、罰金の刑（これに相当する外国の法令による刑を含む。）に処せられ、その刑の執行を終わり、又はその刑の執行を受けることがなくなつた日から5年を経過しない者 (3)　法人を代表する役員のうちに第2号イからトまでのいずれかに該当する者のある者 ヘ　（略） 六　（略）

(1) 第1号

① ロ

　登録取消処分に係る行政手続法15条の規定による通知(注1)を受け、当局による登録取消処分の方針を認知した以降、処分をする日又は処分をしないことを決定する日までに金融商品取引業の廃止等(注2)に係る届出をした者等について、当該届出の日から5年を経過しないことを金融商品取引業の登録拒否事由に追加している（ロ(1)）。

　現行法上、金融商品取引業の登録（法29条）、取引所取引業務の許可（法60条1項）、金融商品仲介業の登録（法66条）、信用格付業の登録（法66条の27）の取消処分を受けてから5年以内の者は、金融商品取引業の登録拒否事由に該当することとされている（法29条の4第1項第1号イ)(注3)。

　このため、登録取消処分が見込まれる事案において、当局による処分が行われる前に金融商品取引業の廃止等（法50条の2）を行い、当局による行政処分を行えなくすることで、登録拒否事由に該当する事態を避けよう

とする金融商品取引業者等がいることが考えられる。

そこで、このような登録取消処分逃れを行うインセンティブを削ぐため、登録拒否事由を追加することとしたものである。

また、取引所取引業務の許可（法60条1項）、金融商品仲介業の登録（法66条）、信用格付業の登録（法66条の27）の取消処分を逃れた者についても、(1)と同様の登録拒否事由を設けることとしている（ロ(2)～(4)）。

(注1) かねてより計画されていた廃業や組織再編を行う場合等、登録取消処分を逃れる意図ではなく、届出を行うことに理由がある場合も予想されることから、こうしたものについては除外される。

(注2) 法50条の2第1項各号の廃業等の届出事由のうち、吸収合併や破産手続開始決定による解散等、法人格が消滅するもの（3号～5号）については、当該法人が改めて登録申請を行うことはないため、本号の登録拒否の対象としては規定されていない。

(注3) 平成24年改正法（平成24年法律第86号）において、電子店頭デリバティブ取引等業務の許可（法60条の14第1項）の取消処分を受けた場合についても、同様に金融商品取引業の登録拒否事由とする改正が行われており、本号と同趣旨の改正が行われている。2条改正を参照。

② ハ～ホ

1号にロを新設することに伴う形式的な改正を行っている。

③ ヘ

法29条の2第1項の解説のとおり、電子募集取扱業務を行う金融商品取引業者等に対して、有価証券の発行者やその事業計画を審査するための措置等を講じることを義務付ける観点から、改正法では、「金融商品取引業を適確に遂行するための必要な体制が整備されていると認められない者」および「登録金融機関業務を適確に遂行するための必要な体制が整備されていると認められない者」を登録拒否の対象として規定するとともに（改正法による改正後の法29条の4第1項1号ヘ、33条の5第1項5号）、「金融商品取引業者等は、その行う金融商品取引業又は登録金融機関業務を適確に遂行するため、内閣府令で定めるところにより、業務管理体制を整備しなければならない」ことを行為規制として規定することとしている（改正法による改正後の法35条の3）(注)。

なお、現行の法の下では、金融商品取引業者等に対して体制整備を義務付ける包括的な条項は存在せず、仮に電子募集取扱業務を行う金融商品取引業者等に限定して登録拒否要件及び行為規制を規定することとした場合、それ以外の金融商品取引業者等に対する規制と比較してバランスを失することとなるものと考えられることから、改正法では、前記のとおり包括的な形で規定することとしている。

改正法による改正後の法35条の3の委任を受けた内閣府令においては、
① 一定の有価証券について電子募集取扱業務を行う金融商品取引業者等に対して、有価証券の発行者やその事業計画を審査するための措置を講じることなどを義務付けるとともに、
② 金融商品取引業者等全般に対して、その行う業務を適確に遂行するための社内規則等を整備し、従業員に対する研修等を通じて当該社内規則等を遵守するための措置を講じることなどを義務付ける

ことを予定している。

（注） 仮に、登録申請者が、金融商品取引業又は登録金融機関業務を適確に遂行するための必要な体制を整備していると認められない場合には、その登録が拒否されることとなる。また、金融商品取引業者等が、内閣府令で定める業務管理体制を整備していない場合には、行政処分の対象となり得る。

(2) 第2号

① ヘ

金融商品取引業の登録申請者である法人の役員に、金融商品取引業の登録取消処分に係る当局からの通知があった日から処分を決定するまでの間に、金融商品取引業の廃止等の届出（当該通知があった日以前から決定していたものを除く）をした者が法人であった場合における当該法人の役員であった者がいる場合を金融商品取引業の登録拒否事由とすることとしている[注]（ヘ(1)）。

法29条の4第1項2号は、金融商品取引業の登録申請者が法人である場合、その役員に一定の者がいる場合を登録拒否事由とし、同号ニは、金融商品取引業の登録の取消処分等を受けた法人について、取消しの日前

30日以内にかかる法人の役員であった者を掲げ、登録拒否事由としている。

これと同様に、金融商品取引業の登録の取消処分等に係る通知を受けた後、処分が決定されるまでの間に届出を行った者が登録申請者の役員にいる場合も、登録拒否事由とすることが投資家保護の観点から適当であると考えられることから、登録拒否事由に追加することとしたものである。

また、取引所取引業務の許可（法60条1項）、金融商品仲介業の登録（法66条）、信用格付業の登録（法66条の27）の取消処分を逃れた者が法人であった場合における当該法人の役員であった者が登録申請者の役員にいる場合についても、(1)同様の登録拒否事由を設けることとしている（ヘ(2)～(4)）。

(注)　なお、1号ロにおいては、吸収合併や破産手続開始決定による解散等、法人格が消滅するものについては、当該法人が改めて登録申請を行うことはないため、同号の登録拒否の対象として規定する必要はないが、このように法人格が消滅するものの役員であった者が改めて金融商品取引業者等の役員となることはあり得ることから、本号においては登録拒否の対象として規定することとしている。

② ト

金融商品取引業の登録申請者である法人の役員に、個人であって1号ロに該当する者がいる場合を登録拒否事由とすることとしている。

③ チ・リ

2号にヘ・トを新設すること等に伴う形式的な改正を行っている。

(3) 第3号

2号にヘ・トを新設することに伴う形式的な改正を行っている。

(4) 第4号

第一種金融商品取引業、第二種金融商品取引業又は投資運用業を行おうとする場合（個人である場合を除く）における登録拒否事由について、資本金の額又は出資の総額が、公益又は投資者保護のため必要かつ適当なものとして政令で定める金額に満たない場合(イ)のほか、国内営業所又は事務所を有しない者(ロ)、国内における代表者を定めていない者(ハ)、認可金融商品取引業協会（法2条13項）、認定金融商品取引業協会（法78条2項）に

加入していない者であって、当該協会の定款その他の規則（有価証券の売買その他の取引若しくはデリバティブ取引等を公正かつ円滑にすること又は投資者の保護に関するものに限る）に準ずる内容のものと認められる社内規則の作成・遵守を確保するための体制を整備していない者(ニ)を加えることとしている。

① イ

従前の法 29 条の 4 第 1 項 4 号に定められていた資本金額、出資額に係る登録拒否要件を新設するイに規定することとしている。

② ロ・ハ

現行法上、外国の法令に準拠して設立された法人である第二種金融商品取引業者については、海外取引が絡む不正な事案が発生した場合、国内拠点がないと、被害の把握等に大きな支障があるなどとして、国内拠点の設置を義務付ける必要性があるとの指摘があった。

この点、現行の法 29 条の 4 第 1 項 5 号は、第一種金融商品取引業者及び投資運用業者について、国内に営業所又は事務所を有することを求めており、また、法 29 条の 2 は、第一種金融商品取引業者について、国内における代表者を定めることを求めている。一方、第二種金融商品取引業者に対しては、国内に営業所又は事務所を有することや、国内における代表者を定めることは求められていない。

そこで、第一種金融商品取引業、第二種金融商品取引業又は投資運用業を行おうとする場合（個人である場合を除く）における登録拒否事由として、国内に営業所又は事務所を有しない者（改正法による改正後の法 29 条の 4 第 1 項 4 号ロ）、外国法人であって国内における代表者を定めていない者を加えることとしている（同号ハ）。

③ ニ

MRI 事案において、MRI は、第二種金融商品取引業協会に加入しておらず、協会における自主規制に服していなかったが、投資家保護の観点からは、第二種金融商品取引業者の協会への加入率を向上させ、協会における牽制機能により、不適切な行為が行われることを避ける必要があると考える。

この点、協会の自主規制機能に関しては、現行法上も、第一種金融商品取引業者と投資運用業者については、協会等に加入していない業者に対し協会の自主規制ルール等を考慮した適切な監督を行うこととされ、社内規則の作成変更を命じることができるとされていた（法56条の4第1項、第2項）。一方、第二種金融商品取引業者についてはこのような規定は設けられていなかった。

協会における牽制機能を確保する観点からは、協会に加入し自主規制ルールに服するか、それと同程度の社内規則を備えた業者であるかどうかを、参入時からチェックする必要性が高いと考えられ、第一種金融商品取引業者、投資運用業者についても参入段階から自主規制ルールに服する（ないし同程度の社内規則を備えた）業者であるかどうかをチェックすることが投資家保護上望ましいと考えられる。

そこで、第一種金融商品取引業、第二種金融商品取引業又は投資運用業を行おうとする場合（個人である場合を除く）における登録拒否事由として、その行おうとする業務を行う者を主要な協会員又は会員とする認可金融商品取引業協会（法2条13項）、認定金融商品取引業協会（法78条2項）に加入していない者であって、当該協会の定款その他の規則（有価証券の売買その他の取引若しくはデリバティブ取引等を公正かつ円滑にすること又は投資者の保護に関するもの[注1]に限る）に準ずる内容のものと認められる社内規則を作成・遵守するための体制を整備していない者を加えることとしている。

すなわち、金融商品取引業の参入段階において、当局により、協会への加入方針が判断され、協会に加入しない者については、協会の自主規制ルールに準ずる社内規則が作成されているか、また、それを遵守するための体制が整備されているかが判断されることになる[注2]。

このような規定を設けることで、協会への加入促進を図り、もって協会における牽制機能を確保することができるものと考えられるとともに、協会に加入しない[注3]としても、少なくとも協会規則等に準ずる内容のものと認められる社内規則の作成とそれを遵守する体制が整備されることが期待され、投資家保護に資することとなると考えられる。

（注１）　協会の定款には、協会の組織に関する事項等、個々の業者が協会の例にならって作成する必要のない規則もあることから、協会の目的に関する規定（法67条１項、78条１項１号）に倣い、協会の定款その他の規則のうち、有価証券の売買その他の取引若しくはデリバティブ取引等を公正かつ円滑にすること又は投資者の保護に関するものに限ることとしている。

なお、上記規則の具体例としては、

・　顧客の知識・投資経験・投資目的・動機・資産状況等に照らし不適当な勧誘等を禁止する投資勧誘規則、

・　投資者の投資判断を誤らせる表示、脱法行為を示唆する表示、投資者の投資意欲を不当にそそる表示等のある広告を禁止する広告規則、

・　内部管理を担当する役員等を内部管理統括責任者に任命し、法令等の遵守の徹底や、内部管理体制の整備につき責任を持たせることを義務付ける内部管理責任者規則、

などがある。

（注２）　登録申請時には、加入する協会を登録申請書に記載することとされており（金融商品取引業等に関する内閣府令７条１号）、加入予定の有無等を確認することが可能であると考えられる。加入予定がある場合には、協会加入手続の進捗状況を報告させ、加入予定がない場合には、協会規則等に準ずる内容のものと認められる社内規則と、それを遵守する方法等について書面をもって説明させることなどにより審査を行うこととなるものと考えられる。

仮に、登録申請時に協会加入予定である旨を報告しながら、登録後に協会に加入せず、社内規則等も整備していない場合には、法51条に基づき、社内規則の作成を命じる業務改善命令等が行われるものと考えられる。

また、従来は、法56条の４第２項において、社内規則の作成・変更命令にかかる規定があったが、改正後は、登録段階でのチェックを働かせることができることに加え、協会に加入していない金融商品取引業者の社内規則が、登録後、協会規則等に準ずる内容のものと認められる社内規則と言えないものとなった場合、当該金融商品取引業者に対しては、法51条による業務改善命令又は52条による業務停止命令若しくは登録取消命令を発出することができることとなる。このため、法56条の４は、趣旨が重複するものとなることから、削られることとしている。

（注３）　結社の自由へも配意し、強制加入とはしていない。

(5)　第５号

① イ

４号ロを新設することに伴う形式的な改正を行っている。

② ニ

　法29条の4第1項2号にヘ・ト（登録拒否事由に該当することを避けるための廃業等を行った法人の役員ないし個人が役員である法人について金融商品取引業の登録拒否事由とするもの）を新設することに伴い、個人である主要株主が新設した要件に該当する場合を金融商品取引業者の登録拒否事由に追加することとしている。

③ ホ

　法29条の4第1項1号にロ（登録拒否事由に該当することを避けるための廃業等を行った者について金融商品取引業の登録拒否事由とするもの）を新設し、2号にヘ・ト（登録拒否事由に該当することを避けるための廃業等を行った法人の役員ないし個人が役員である法人について金融商品取引業の登録拒否事由とするもの）を新設することに伴い、法人である主要株主が新設した要件に該当する場合を金融商品取引業者の登録拒否事由に追加することとしている。

第29条の4の2（第一種少額電子募集取扱業者についての登録等の特例）

第1項 新設

改　正　後
第29条の4の2　第29条の登録を受けようとする者が第一種金融商品取引業のうち第一種少額電子募集取扱業務のみを行おうとする場合における第一種少額電子募集取扱業務についての第29条の2第1項第6号及び第2項第1号の規定の適用については、同条第1項第6号中「その旨」とあるのは「その旨（第一種金融商品取引業のうち第29条の4の2第10項に規定する第一種少額電子募集取扱業務のみを行う場合にあつては、その旨を含む。）」と、同条第2項第1号中「及び第5号ハ」とあるのは「、第5号ハ及び第6号イ」とする。

　改正法では、第一種金融商品取引業のうち第一種少額電子募集取扱業務のみを行おうとする者は、登録の際に(注)その旨を登録申請書に記載しなければならないこととしている。

また、登録申請書には、登録拒否要件のいずれにも該当しないことを誓約する書面を添付することが求められている（法29条の2第2項1号）ところ、第一種少額電子募集取扱業者については自己資本規制比率の適用を除外することとした（本条2項・6項の解説参照）ことから、当該誓約の対象から「法29条の4第1項6号イに該当しないこと」を除くこととしている。

　（注）　金融商品取引業等に関する内閣府令（平成19年内閣府令第52号）において、変更登録を受けようとする者が第一種金融商品取引業のうち第一種少額電子募集取扱業務のみを行おうとする場合についても、その旨を変更登録申請書に記載しなければならないこととする予定である。

第2項　新設

改　正　後
2　前条第1項第5号ハ及び第6号イの規定（これらの規定を第31条第5項において準用する場合を含む。）は、前項の場合又は第31条第4項の変更登録を受けようとする者が第一種金融商品取引業のうち第一種少額電子募集取扱業務のみを行おうとする場合における第一種少額電子募集取扱業務については、適用しない。

　「兼業規制」（法29条の4第1項5号ハ）の適用除外については本条3項・4項の解説を、「自己資本規制比率」（法29条の4第1項6号イ）の適用除外については本条6項の解説を、それぞれ参照。

第3項・第4項　新設

改　正　後
3　第一種少額電子募集取扱業者（投資運用業を行う者を除く。次項において同じ。）は、第35条第3項の規定にかかわらず、同条第2項各号に掲げる業務を行うこととなつた旨を内閣総理大臣に届け出ることを要しない。
4　第一種少額電子募集取扱業者は、金融商品取引業並びに第35条第1項及び第2項の規定により行う業務以外の業務を行う場合には、同条第4項の規定にかかわらず、内閣総理大臣の承認を受けることを要しない。

第一種金融商品取引業者又は投資運用業者は、金融商品取引業に付随する業務のほか、内閣総理大臣への届出を条件として、法35条2項各号に掲げる業務を行うことができることとされている。また、金融商品取引業及びその付随業務並びに届出業務以外の業務については、同条4項の規定により、内閣総理大臣の承認を条件として行うことができることとされている。さらに、法29条の4第1項5号ハにおいては、他に行っている事業が法35条1項に規定する業務及び同条2項各号に掲げる業務のいずれにも該当せず、かつ、当該事業に係る損失の危険の管理が困難であるために投資者保護に支障を生ずると認められる者については、その登録が拒否されることとされている。

　このいわゆる「兼業規制」の趣旨・目的は、第一種金融商品取引業者または投資運用業者の兼業業務（他業）の失敗がその経営の基礎を危うくし、その結果、投資者の利益が侵害される危険を回避することにあると考えられる(注1)。

　この点に関して、第一種少額電子募集取扱業者は、

① 第一種金融商品取引業のうち、非上場の株券等の募集の取扱いまたは私募の取扱いに特化するものであり、通常の第一種金融商品取引業者のように有価証券の売買やデリバティブ取引等を行って顧客を相手方としてポジションを持つことは想定されず、また、投資運用業者のように顧客から預かった財産の運用を行うことも想定されないこと

② 本条10項のとおり、顧客から金銭の預託を受けることも可能であるが、あくまでその行う「電子募集取扱業務に関して」のみ可能であるため、金銭の預託を受ける期間が長期にわたることは想定されず（最長でも対象となる有価証券の募集期間）、また、預託を受ける金銭の額が高額に及ぶことも想定されない（最大でも対象となる有価証券につき1億円）こと

に鑑みると、仮に兼業業務（他業）の失敗によりその経営の基礎が揺らいだとしても、投資者の利益が侵害される危険性は相対的に限定されているものと考えられる。

　そこで、改正法では、第一種少額電子募集取扱業者（投資運用業者を除く）

が届出・承認なしに他業を行うことを可能とするとともに（本条3項・4項）、登録又は変更登録を受けようとする者が第一種金融商品取引業のうち第一種少額電子募集取扱業務のみを行おうとする場合における第一種少額電子募集取扱業務については(注2)、法29条の4第1項5号ハの規定を適用しないこととしている（本条2項）。

- (注1) 神崎克郎＝志谷匡史＝川口恭弘『金融商品取引法』（青林書院、2012）667頁。
- (注2) 「第一種少額電子募集取扱業務については」という文言が示すとおり、仮に、第一種金融商品取引業のうち第一種少額電子募集取扱業務のみを行おうとする者が、投資運用業も行おうとする場合には、投資運用業については法29条の4第1項5号ハの規定が適用されることとなる。

第5項 新設

改　正　後
5　第36条の2第1項の規定は、第一種少額電子募集取扱業者が第一種少額電子募集取扱業務を行う場合については、適用しない。

　第一種少額電子募集取扱業者は、専らそのウェブサイトを通じて業務を行うことから、改正法では、第一種少額電子募集取扱業者が第一種少額電子募集取扱業務を行う場合については(注)、営業所又は事務所ごとの標識の掲示（法36条の2第1項）の適用を除外することとしている。

- (注) 「第一種少額電子募集取扱業務を行う場合については」という文言が示すとおり、仮に、第一種少額電子募集取扱業者が第一種少額電子募集取扱業務以外の金融商品取引業の登録を受けている場合には、当該金融商品取引業については法36条の2の規定が適用されることとなる。

第6項 新設

改　正　後
6　第46条の5及び第46条の6の規定は、第一種少額電子募集取扱業者については、適用しない。

第一種金融商品取引業者は、経営の健全性を監視するための指標である自己資本規制比率を120％以上に維持することが義務付けられている（法46条の6）。また、法29条の4第1項6号イにおいては、自己資本規制比率が120％を下回る者については、その登録が拒否されることとされている。

　この自己資本規制比率の趣旨・目的は、第一種金融商品取引業者の経営に伴うリスクに備え、将来生じ得る損失に対応できるだけの自己資本を維持させようとすることにあると考えられる[注1]。

　この点に関して、第二種金融商品取引業者は、流動性の低い商品のみを勧誘・販売するものであるため、自己資本規制比率は適用しないこととするなど、登録要件の緩和が図られているところである[注2]。

　第一種少額電子募集取扱業者も、流動性の低い非上場の株券等の募集の取扱いまたは私募の取扱いに特化するものであることから、改正法では、第一種少額電子募集取扱業者について自己資本規制比率の適用を除外するとともに（本条6項）、登録又は変更登録を受けようとする者が第一種金融商品取引業のうち第一種少額電子募集取扱業務のみを行おうとする場合における第一種少額電子募集取扱業務については、法29条の4第1項6号イの規定を適用しないこととしている（本条2項）。

　また、第一種金融商品取引業者は、有価証券の売買その他の取引等の取引量に応じ、金融商品取引責任準備金を積み立てることが義務付けられている（法46条の5）。

　この点に関して、第一種少額電子募集取扱業者は、有価証券の募集の取扱い又は私募の取扱いに特化するものであり、業として有価証券の売買等を行うことは認められないことから、改正法では、第一種少額電子募集取扱業者については、金融商品取引責任準備金の積立てを免除することとしている（本条6項）。

（注1）　神崎＝志谷＝川口・前掲（本条3項・4項の解説（注1））688頁。
（注2）　平成17年7月7日付金融審議会金融分科会第一部会中間整理。

第 7 項 新設

改　正　後
7　第一種少額電子募集取扱業者が第一種少額電子募集取扱業務を行う場合における第 2 条第 11 項、第 27 条の 2 第 4 項（第 27 条の 22 の 2 第 2 項において準用する場合を含む。）、第 27 条の 26 第 1 項及び第 66 条の 2 第 1 項第 4 号の規定の適用については、これらの規定中「第一種金融商品取引業」とあるのは「第一種金融商品取引業（第 29 条の 4 の 2 第 10 項に規定する第一種少額電子募集取扱業務を除く。）」と、第 2 条第 11 項及び第 27 条の 26 第 1 項中「同条第 4 項」とあるのは「第 28 条第 4 項」とする。

　第一種少額電子募集取扱業者の業務範囲が第一種金融商品取引業者の業務範囲よりも限定されていること等に鑑み、改正法では、第一種金融商品取引業者が行うことができることとされている以下の行為について、第一種少額電子募集取扱業者は行うことができないこととしている。
　①　金融商品仲介業者への業務の委託（法 2 条 11 項、66 条の 2 第 1 項 4 号）
　②　公開買付事務取扱者の事務（法 27 条の 2 第 4 項（27 条の 22 の 2 第 2 項において準用する場合を含む））
　③　大量保有報告規制における特例報告（法 27 条の 26 第 1 項）

第 8 項 新設

改　正　後
8　第一種少額電子募集取扱業者は、内閣府令で定めるところにより、商号、登録番号その他内閣府令で定める事項を、電子情報処理組織を使用する方法その他の情報通信の技術を利用する方法であつて内閣府令で定めるものにより公表しなければならない。

　改正法では、営業所又は事務所ごとの標識の掲示に代えて、第一種少額電子募集取扱業者は、「電子情報処理組織を使用する方法その他の情報通信の技術を利用する方法であつて内閣府令で定めるものにより」[注]、「商号、登録番号その他内閣府令で定める事項」を公表しなければならないこととしている。なお、「その他内閣府令で定める事項」としては、自主規制機

関への加入の有無などを規定することを予定している。

(注) 内閣府令において、ウェブサイトを規定することを予定している。

第9項・第10項 新設

改　正　後
9　第3項から前項までの「第一種少額電子募集取扱業者」とは、登録申請書に第一種金融商品取引業のうち第一種少額電子募集取扱業務のみを行う旨を記載して第29条の登録又は第31条第4項の変更登録を受けた者をいう。
10　第1項、第2項、第5項、第7項及び前項の「第一種少額電子募集取扱業務」とは、電子募集取扱業務（第2条第1項第9号に掲げる有価証券（金融商品取引所に上場されていないものに限り、政令で定めるものを除く。以下この項において同じ。）の募集の取扱い又は私募の取扱いであつて、当該有価証券の発行価額の総額及び当該有価証券を取得する者が払い込む額が少額であるものとして政令で定める要件を満たすものに限る。以下この項において同じ。）又は電子募集取扱業務に関して顧客から金銭の預託を受けることをいう。

　WG報告書において提言されているとおり、リスクマネーの供給促進を図るためには、投資型クラウドファンディングの仲介者になろうとする者にとってできるだけ参入が容易な制度とすることが重要であり、このような観点から、現行の第一種金融商品取引業について登録等の特例を設けることが望ましいと考えられる。

　その際、投資者保護の観点を考慮に入れ、有価証券の発行総額や投資者一人当たり投資額の上限を設けるとともに、金融商品取引業者が（第一種金融商品取引業のうち）電子募集取扱業務に特化することを条件とするなど、限定的な範囲で特例を設けることが適当であると考えられる。

　そこで、改正法では、

① 電子募集取扱業務のうち、非上場の株券または新株予約権証券[注1]の募集の取扱い又は私募の取扱い[注2]であって、これらの有価証券の発行総額や投資者一人当たり投資額が少額[注3]であるもの、及び

② ①の業務に関して顧客から金銭の預託を受けること[注4]

を「第一種少額電子募集取扱業務」と位置付けるとともに（本条10項）、

第一種金融商品取引業のうち第一種少額電子募集取扱業務のみを行う旨を登録申請書に記載して登録又は変更登録を受けた者を「第一種少額電子募集取扱業者」と位置付け（本条9項）、当該業者に限定して登録要件及び行為規制の特例を設けることとしている[注5]。

(注1) 形式的にこれらの有価証券に該当するものの、公衆縦覧型の開示が行われている有価証券なども存在することから、そのような有価証券については政令において除くことを予定している。

(注2) 実務上、投資型クラウドファンディングは、プライマリーの局面において利用されることが想定されており、セカンダリーの局面において利用されることは想定されていないものと考えられることから、有価証券の募集の取扱い又は私募の取扱いのみを第一種少額電子募集取扱業務に含め、登録要件及び行為規制の特例の対象とすることとしたものである。

(注3) 少額の要件としては、政令において、発行総額1億円未満かつ投資者1人当たり投資額50万円以下（いずれも当該金融商品取引業者が取り扱う額を基準に判定）と規定することを予定している。また、当該規定を置くに当たっては、企業内容等の開示に関する内閣府令（昭和48年大蔵省令第5号）2条4項の規定を参考に、同一の種類の有価証券に係る通算ルールを導入することを予定している。

(注4) 投資型クラウドファンディングにおいては、有価証券の発行者が設定した目標募集額に申込額が達するまでの間、金融商品取引業者が投資者から払い込まれた金銭を預かるような実務も想定されることから、「電子募集取扱業務に関して顧客から金銭の預託を受けること」も第一種少額電子募集取扱業務に含めることとしたものである。ただし、「電子募集取扱業務に関して」という文言が示すとおり、少額の電子募集取扱業務と無関係に顧客から金銭の預託を受けることは、第一種少額電子募集取扱業務には含まれない。また、第一種少額電子募集取扱業者がその行う電子募集取扱業務に関して顧客から金銭の預託を受ける場合には、法43条の2の規定に基づき分別管理を行うことが当然に求められる。

(注5) 本条に規定されているもののほか、政令において、第一種少額電子募集取扱業者の最低資本金の額及び最低純財産額を1,000万円に引き下げることを予定している。

第29条の4の3（第二種少額電子募集取扱業者についての登録等の特例）

第1項 新設

改　正　後
第29条の4の3　第29条の登録を受けようとする者が第二種金融商品取引業のうち第二種少額電子募集取扱業務のみを行おうとする場合における第二種少額電子募集取扱業務についての第29条の2第1項第6号の規定の適用については、同号中「その旨」とあるのは、「その旨（第二種金融商品取引業のうち第29条の4の3第4項に規定する第二種少額電子募集取扱業務のみを行う場合にあつては、その旨を含む。）」とする。

　第二種金融商品取引業のうち第二種少額電子募集取扱業務のみを行おうとする者は、登録の際にその旨を登録申請書に記載しなければならないこととしている。

第2項 新設

改　正　後
2　第36条の2第1項の規定は、第二種少額電子募集取扱業者（登録申請書に第二種金融商品取引業のうち第二種少額電子募集取扱業務のみを行う旨を記載して第29条の登録又は第31条第4項の変更登録を受けた者をいう。次項において同じ。）が第二種少額電子募集取扱業務を行う場合については、適用しない。

　第二種金融商品取引業のうち第二種少額電子募集取扱業務のみを行う旨を登録申請書に記載して登録又は変更登録を受けた者を「第二種少額電子募集取扱業者」と位置付け、第二種少額電子募集取扱業者が第二種少額電子募集取扱業務を行う場合については営業所又は事務所ごとの標識の掲示の適用を除外することとしている。

第3項 新設

改　正　後
<u>3　第二種少額電子募集取扱業者は、内閣府令で定めるところにより、商号若しくは名称又は氏名、登録番号その他内閣府令で定める事項を、電子情報処理組織を使用する方法その他の情報通信の技術を利用する方法であつて内閣府令で定めるものにより公表しなければならない。</u>

　第二種少額電子募集取扱業者は、そのウェブサイトにおいて、「商号若しくは名称又は氏名、登録番号その他内閣府令で定める事項」を公表しなければならないこととしている。

第4項 新設

改　正　後
<u>4　第1項及び第2項の「第二種少額電子募集取扱業務」とは、電子募集取扱業務のうち、有価証券（第2条第2項の規定により有価証券とみなされる同項第5号又は第6号に掲げる権利であつて、第3条第3号に掲げるもの又は金融商品取引所に上場されていないものに限り、政令で定めるものを除く。以下この項において同じ。）の募集の取扱い又は私募の取扱いであつて、当該有価証券の発行価額の総額及び当該有価証券を取得する者が払い込む額が少額であるものとして政令で定める要件を満たすものをいう。</u>

　第一種の場合と同様、改正法では、電子募集取扱業務のうち、有価証券（法2条2項の規定により有価証券とみなされる同項5号または6号に掲げる権利であって、法3条各号に掲げるもの又は非上場のものに限る[注1]）の募集の取扱いまたは私募の取扱いであって、これらの有価証券の発行総額や投資者1人当たり投資額が少額であるものを「第二種少額電子募集取扱業務」と位置付けるとともに（本項）、第二種金融商品取引業のうち第二種少額電子募集取扱業務のみを行う旨を登録申請書に記載して登録又は変更登録を受けた者を「第二種少額電子募集取扱業者」と位置付け（本条2項）、当該業者に限定して登録要件及び行為規制の特例を設けることとしている[注2]。

（注1）　形式的にこれらの有価証券に該当するものの、公衆縦覧型の開示が行われている有価証券なども存在することから、そのような有価証券については政令において除くことを予定している。
（注2）　本条に規定されているもののほか、政令において、第二種少額電子募集取扱業者の最低資本金の額を500万円に引き下げることを予定している。

第29条の5（適格投資家に関する業務についての登録等の特例）
第1項

改　正　後	改　正　前
第29条の5　第29条の登録又は第31条第4項の変更登録を受けようとする者が投資運用業のうち次に掲げる全ての要件を満たすもの（以下この条において「適格投資家向け投資運用業」という。）を行おうとする場合における適格投資家向け投資運用業についての第29条の2第1項第5号及び第29条の4第1項第5号イ（第31条第5項において準用する場合を含む。以下この項において同じ。）の規定の適用については、第29条の2第1項第5号中「投資運用業の種別」とあるのは「投資運用業の種別（第29条の5第1項に規定する適格投資家向け投資運用業にあつては、これに該当する旨を含む。）」と、第29条の4第1項第5号イ中「取締役会及び監査役」とあるのは「監査役」と、「取締役会設置会社」とあるのは「監査役設置会社若しくは委員会設置会社」とする。 一・二　（略）	第29条の5　第29条の登録を受けようとする者が投資運用業のうち次に掲げる全ての要件を満たすもの（以下この条において「適格投資家向け投資運用業」という。）を行おうとする場合における当該適格投資家向け投資運用業についての第29条の2第1項第5号及び前条第1項第5号イの規定の適用については、第29条の2第1項第5号中「投資運用業の種別」とあるのは「投資運用業の種別（第29条の5第1項に規定する適格投資家向け投資運用業にあつては、これに該当する旨を含む。）」と、前条第1項第5号イ中「取締役会及び監査役」とあるのは「監査役」と、「取締役会設置会社」とあるのは「監査役設置会社若しくは委員会設置会社」とする。 一・二　（略）

　法29条の4の2及び法29条の4の3を新設することに伴う形式的修正等を行うとともに、法31条4項の変更登録を受けた者にも本条が適用されるよう、改正を行っている。

第 2 項

改　正　後	改　正　前
2　適格投資家向け投資運用業を行うことにつき第29条の登録又は第31条第4項の変更登録を受けた金融商品取引業者が第2条第8項第12号ロに掲げる契約に基づき次に掲げる有価証券に表示される権利を有する者から出資又は拠出を受けた金銭その他の財産の運用を行う権限の全部の委託を受けた者である場合におけるこの法律その他の法令の規定の適用については、当該金融商品取引業者が適格投資家を相手方として行う当該有価証券の私募の取扱い（当該有価証券がその取得者から適格投資家以外の者に譲渡されるおそれが少ないものとして政令で定めるものに限る。）を行う業務は、第二種金融商品取引業とみなす。 一～五　（略）	2　適格投資家向け投資運用業を行うことにつき第29条の登録を受けた金融商品取引業者が第2条第8項第12号ロに掲げる契約に基づき次に掲げる有価証券に表示される権利を有する者から出資又は拠出を受けた金銭その他の財産の運用を行う権限の全部の委託を受けた者である場合におけるこの法律その他の法令の規定の適用については、当該金融商品取引業者が適格投資家を相手方として行う当該有価証券の私募の取扱い（当該有価証券がその取得者から適格投資家以外の者に譲渡されるおそれが少ないものとして政令で定めるものに限る。）を行う業務は、第二種金融商品取引業とみなす。 一～五　（略）

　法31条4項の変更登録を受けた者にも本条が適用されるよう、改正を行っている。

第 5 項

改　正　後	改　正　前
5　適格投資家向け投資運用業を行うことにつき第29条の登録又は第31条第4項の変更登録を受けた金融商品取引業者が適格投資家向け投資運用業を行う場合における第2条第11項及び第66条の2第1項第4号の規定の適用については、第2条第11項中「同条第4項に規定する投資運用業」とあるの	5　適格投資家向け投資運用業を行うことにつき第29条の登録を受けた金融商品取引業者が当該適格投資家向け投資運用業を行う場合における第2条第11項、第66条の2第1項第4号及び第66条の14第1号ハの規定の適用については、第2条第11項中「第一種金融商品取引業又は同条第4項に規定

改正後	改正前
は「同条第4項に規定する投資運用業（第29条の5第1項に規定する適格投資家向け投資運用業を除く。）」と、「同項」とあるのは「第28条第4項」と、同号中「規定する投資運用業」とあるのは「規定する投資運用業（第29条の5第1項に規定する適格投資家向け投資運用業を除く。）」とする。	する投資運用業」とあるのは「第一種金融商品取引業」と、「同項」とあるのは「第28条第4項」と、第66条の2第1項第4号中「第一種金融商品取引業又は投資運用業（第28条第4項に規定する投資運用業をいう。第66条の14第1号ハにおいて同じ。）」とあるのは「第一種金融商品取引業」と、第66条の14第1号ハ中「又は投資運用業」とあるのは「又は投資運用業（同条第4項に規定する投資運用業をいう。ハにおいて同じ。）」とする。

法29条の4の2を新設することに伴う形式的修正を行っている。

第31条（変更登録等）

改　正　後	改　正　前
第31条　金融商品取引業者は、第29条の2第1項各号（第5号及び第6号を除く。）に掲げる事項について変更があつたときは、その日から2週間以内に、その旨を内閣総理大臣に届け出なければならない。 2・3　（略） 4　金融商品取引業者は、第29条の2第1項第5号又は第6号に掲げる事項について変更をしようとするときは、内閣府令で定めるところにより、内閣総理大臣の行う変更登録を受けなければならない。 5　第29条の3及び第29条の4の規定は、前項の変更登録について準用する。この場合において、第29条の3第1項中「次に掲げる事項」とあるのは「変更に係る事項」と、第29条の4第1	第31条　金融商品取引業者は、第29条の2第1項各号（第5号を除く。）に掲げる事項について変更があつたときは、その日から2週間以内に、その旨を内閣総理大臣に届け出なければならない。 2・3　（略） 4　金融商品取引業者は、第29条の2第1項第5号に掲げる事項について変更をしようとするときは、内閣府令で定めるところにより、内閣総理大臣の行う変更登録を受けなければならない。 5　第29条の3及び第29条の4の規定は、前項の変更登録について準用する。この場合において、第29条の3第1項中「次に掲げる事項」とあるのは「変更に係る事項」と、第29条の4第1

項中「次の各号」とあるのは「次の各号（第1号イから二まで、第2号及び第3号を除く。）」と読み替えるものとするほか、必要な技術的読替えは、政令で定める。 6 （略）	項中「次の各号」とあるのは「次の各号（第1号イからハまで、第2号及び第3号を除く。）」と読み替えるものとするほか、必要な技術的読替えは、政令で定める。 6 （略）

(1) **第1項・第4項**

　法29条の2第1項6号において、新たに「公衆縦覧型の開示が行われない一定の有価証券について電子募集取扱業務を行う場合には、その旨」を登録申請書の記載事項としたところ、かかる業務を行う者を当局が把握する観点から、金融商品取引業者が同号に掲げる事項について変更をしようとするときは、変更登録を受けなければならないこととしている。

(2) **第5項**

　本項は、金融商品取引業の登録申請書記載事項に変更が生じた場合の変更登録について法29条の4の規定を準用する旨を定めるものであるが、新設する同条1項1号ロ（登録拒否事由に該当することを避けるための廃業等を行った者について金融商品取引業の登録拒否事由とするもの）に該当する者は、過去に登録取消処分等を受けた者（同号イ）と同様に、登録時から当該事由に該当していることから、変更登録における準用の対象から除外するものに含めるための修正を行うこととしている。

第4款　登録金融機関

第33条の3（金融機関の登録申請）

第1項

改正後	改正前
第33条の3　前条の登録を受けようとする者は、次に掲げる事項を記載した登録申請書を内閣総理大臣に提出しなければならない。	第33条の3　前条の登録を受けようとする者は、次に掲げる事項を記載した登録申請書を内閣総理大臣に提出しなければならない。

一～四　（略） 五　第3条各号に掲げる有価証券又は金融商品取引所に上場されていない有価証券（第29条の2第1項第6号に規定する政令で定めるものを除く。）について、電子募集取扱業務を行う場合にあつては、その旨 六～八　（略）	一～四　（略） （新設） 五～七　（略）

　登録金融機関についても、金融商品取引業者と同様に（法29条の2第1項の解説参照）、「法3条各号に掲げる有価証券又は金融商品取引所に上場されていない有価証券について、電子募集取扱業務を行う場合にあつては、その旨」を登録申請書の記載事項とすることとしている。

第33条の5（金融機関の登録の拒否等）
第1項

改　正　後	改　正　前
第33条の5　内閣総理大臣は、登録申請者が次の各号のいずれかに該当するとき、又は登録申請書若しくはこれに添付すべき書類若しくは電磁的記録のうちに虚偽の記載若しくは記録があり、若しくは重要な事実の記載若しくは記録が欠けているときは、その登録を拒否しなければならない。 一～三　（略） 四　協会に加入しない者であつて、協会の定款その他の規則（有価証券の売買その他の取引若しくはデリバティブ取引等を公正かつ円滑にすること又は投資者の保護に関するものに限る。）に準ずる内容の社内規則（当該者又はその役員若しくは使用人が遵守すべき規則をいう。）を作	第33条の5　内閣総理大臣は、登録申請者が次の各号のいずれかに該当するとき、又は登録申請書若しくはこれに添付すべき書類若しくは電磁的記録のうちに虚偽の記載若しくは記録があり、若しくは重要な事実の記載若しくは記録が欠けているときは、その登録を拒否しなければならない。 一～三　（略） （新設）

成していないもの又は当該社内規則を遵守するための体制を整備していないもの 五　登録金融機関業務を適確に遂行するための必要な体制が整備されていると認められない者	（新設）

(1) 第4号

　登録金融機関についても、法29条の4第1項4号ニと同様に、登録拒否事由として認可金融商品取引業協会（法2条13項）、認定金融商品取引業協会（法78条2項）に加入していない者であって、当該協会の定款その他の規則（有価証券の売買その他の取引若しくはデリバティブ取引等を公正かつ円滑にすること又は投資者の保護に関するものに限る）に準ずる内容のものと認められる社内規則を作成・遵守するための体制を整備していない者を加えることとしている。

(2) 第5号

　金融商品取引業者と同様に（法29条の4第1項の解説参照）、登録金融機関についても、登録拒否要件に「登録金融機関業務を適確に遂行するための必要な体制が整備されていると認められない者」を追加することとしている。

第2節　業務

第1款　通則

第35条の3（業務管理体制の整備）新設

改　正　後
第35条の3　金融商品取引業者等は、その行う金融商品取引業又は登録金融機関業務を適確に遂行するため、内閣府令で定めるところにより、業務管理体制を整備しなければならない。

法29条の4第1項の解説参照。

第38条（禁止行為）
第7号 新設

改　正　後	改　正　前
第38条　金融商品取引業者等又はその役員若しくは使用人は、次に掲げる行為をしてはならない。ただし、第4号から第6号までに掲げる行為にあつては、投資者の保護に欠け、取引の公正を害し、又は金融商品取引業の信用を失墜させるおそれのないものとして内閣府令で定めるものを除く。 一～六　（略） 七　自己又は第三者の利益を図る目的をもつて、特定金融指標算出者（第156条の85第1項に規定する特定金融指標算出者をいう。以下この号において同じ。）に対し、特定金融指標の算出に関し、正当な根拠を有しない算出基礎情報（特定金融指標の算出の基礎として特定金融指標算出者に対して提供される価格、指標、数値その他の情報をいう。）を提供する行為 八　（略）	第38条　金融商品取引業者等又はその役員若しくは使用人は、次に掲げる行為をしてはならない。ただし、第4号から第6号までに掲げる行為にあつては、投資者の保護に欠け、取引の公正を害し、又は金融商品取引業の信用を失墜させるおそれのないものとして内閣府令で定めるものを除く。 一～六　（略） （新設） 七　（略）

　金融商品取引業者等の禁止行為を定める法38条に7号を新設し、算出基礎情報の提供に関する不正行為を罰則（改正法による改正後の法198条2号の3参照）をもって禁止するものである。

(1) 規制対象者

　金融商品取引業者等は、金融指標に係るデリバティブ取引等の金融商品取引行為（法34条1項）を業として行う者であり、金融商品取引行為において利用される金融指標の数値を操作することにより、不正な利益を得る

ことを目的として、「正当な根拠を有しない算出基礎情報の提供」を行う誘因が働きやすい。

本号は、このような誘因性に着目し、「正当な根拠を有しない算出基礎情報の提供」を特に禁止する必要性が高い金融商品取引業者等を規制対象者としている。

(2) 正当な根拠を有しない算出基礎情報を提供する行為

改正法による改正後の法156条の87第1項は、特定金融指標算出者に対し、情報提供者(特定金融指標算出者に対して算出基礎情報を提供する者をいう)が遵守すべき事項である行動規範を含む、情報提供者との間の契約に関する事項(改正法による改正後の法156条の87第2項4号)等を定めた業務規程を作成し、当局の認可を受けることを義務付けている。

これにより、特定金融指標算出者は、業務規程に従い、情報提供者との間で、上記行動規範を内容とする契約を締結することが求められる。

かかる契約が締結された場合には、当該契約における行動規範の内容として、特定金融指標算出者が定める基準を満たす算出基礎情報を提供すべき情報提供者の義務が規定されることになる。このような義務が規定されることによって、「正当な根拠を有しない算出基礎情報」の基準が明確にされることになる。

「正当な根拠を有しない算出基礎情報」の要件の充足性は、基本的には、情報提供者と特定金融指標算出者の間の契約で定める行動規範に照らして、算出基礎情報が備えるべき基準を満たしているか否かを判断することにより決せられることになる。

(3) 自己又は第三者の利益を図る目的をもって

金融商品取引業者等が「正当な根拠を有しない算出基礎情報」の提供を行うに当たり、自己又は第三者の利益を図る目的を有している場合、特定金融指標の数値が操作される可能性が高まり、特定金融指標の信頼性が害される危険性が高まると考えられる。

他方、「正当な根拠を有しない算出基礎情報を提供する行為」が、事務

的な過誤により実行された場合については、処罰の必要性は低いと考えられる。

これらの理由から、主観的要件として、「正当な根拠を有しない算出基礎情報」の提供を行うに当たり、行為者において、自己又は第三者の利益を図る目的を有していることを規定している。

第40条の3の2（金銭の流用が行われている場合の募集等の禁止）新設

改　　正　　後
第40条の3の2　金融商品取引業者等は、第2条第2項第5号若しくは第6号に掲げる権利又は同項第7号に掲げる権利（同項第5号又は第6号に掲げる権利と同様の経済的性質を有するものとして政令で定める権利に限る。）については、これらの権利に関し出資され、又は拠出された金銭（これに類するものとして政令で定めるものを含む。以下この条において同じ。）が、当該金銭を充てて行われる事業に充てられていないことを知りながら、第2条第8項第7号から第9号までに掲げる行為をしてはならない。

金融商品取引業者等が、ファンドの自己募集又は募集の取扱いを行う場合に、出資・拠出された金銭等[注]が、出資対象となる事業に充てられていない場合の自己募集や、募集の取扱いを行うことを禁止することとしている。

法40条の3は、金融商品取引業者等が、ファンドの規約等において分別管理が確保されていないファンド持分の販売等を行うことを禁止している。

しかしながら、同条は、ファンドの規約等において分別管理を義務付ける規定が設けられることを通じて分別管理が確保されることを求めているにとどまり、金融商品取引業者等が、実際に分別管理が実施されていることを確認することまでは求められていない。実際に、MRIが販売勧誘したファンド持分については分別管理が行われておらず、資金の流用が行われていた。

そこで、金融商品取引業者等が、ファンド持分等に関し出資された金銭について出資対象事業に充てられていないことを知りながら、当該ファンド持分等の自己募集・売出し、募集等の取扱いを行うことを禁止することとしたものである。

　これにより、金融商品取引業者等自身が別の口座を開設する等の措置をとることなく、出資又は拠出された金銭を自己の固有の業務や他の業務に用いる金銭と混同させながら自己募集を行うようなケースや、出資対象事業を行う者が別の口座を開設する等の措置をとっておらず、出資又は拠出された金銭がその者の固有の業務や他の業務に用いる金銭と混同していることを知りながら当該出資対象事業持分の募集の取扱いを行うようなケースを避けることができると考えられる。

　また、この規定に違反した場合、ファンド販売業者に対しては、業務改善命令、業務停止命令又は登録取消命令といった行政処分が課されることとなり、いわゆるポンジースキーム（払い込まれた出資金等を実質上の原資として配当を行い、それを実績として示すことで新たな出資者を募集するスキーム）により資金を流用しているようなケースについても取締りを行うことができると考えられる。

　なお、本条に違反する行為の立証に当たっては、ファンドに出資された資金が「本来充てられるべき事業に充てられていない」という客観的な事実の存在について、ファンド販売業者の内部文書、あるいは、ファンド運用者とファンド販売業者の間におけるメールのやり取り等の証拠の検証を通じ、「ファンド販売業者が流用について知っていた」という点を証明していくこととなるものと考えられる。

　（注）「金銭」については、法40条の3と同様、①有価証券、②為替手形、③約束手形（①に該当するものを除く）、④2条2項1号、2号、5号又は6号に掲げる権利を有する者から出資又は拠出を受けた金銭（①〜③に該当するものを含む）の全部を充てて取得した物品（当該権利を有する者の保護を確保することが必要と認められるものとして内閣府令で定めるものに限る）、⑤①〜④に準ずるものとして内閣府令で定めるものを含むことが考えられる。

第5款　電子募集取扱業務に関する特則　新設

第43条の5　新設

改　正　後
第43条の5　金融商品取引業者等は、第3条各号に掲げる有価証券又は金融商品取引所に上場されていない有価証券（第29条の2第1項第6号に規定する政令で定めるものを除く。）について電子募集取扱業務を行うときは、内閣府令で定めるところにより、第37条の3第1項の規定により交付する書面に記載する事項のうち電子募集取扱業務の相手方の判断に重要な影響を与えるものとして内閣府令で定める事項について、電子情報処理組織を使用する方法その他の情報通信の技術を利用する方法であつて内閣府令で定めるものにより、これらの有価証券について電子募集取扱業務を行う期間中、当該相手方が閲覧することができる状態に置かなければならない。

　法29条の2第1項の解説のとおり、投資者が投資の意思決定をする前に十分な情報を得られるようにする観点から、改正法では、金融商品取引業者等は、一定の有価証券について電子募集取扱業務を行うときは、「内閣府令で定めるところにより（①）、第37条の3第1項の規定により交付する書面（契約締結前交付書面）に記載する事項のうち電子募集取扱業務の相手方の判断に重要な影響を与えるものとして内閣府令で定める事項（②）について、電子情報処理組織を使用する方法その他の情報通信の技術を利用する方法であつて内閣府令で定めるもの（③）により、これらの有価証券について電子募集取扱業務を行う期間中、当該相手方が閲覧することができる状態に置かなければならない」[注1][注2][注3]ことを行為規制として規定することとしている。また、当該規定に違反して、「同条に規定する事項を閲覧することができる状態に置かず、又は虚偽の事項を閲覧することができる状態に置いた者」について、6月以下の懲役若しくは50万円以下の罰金（又はこれらの併科）の対象とすることとしている（改正法による改正後の法205条14号）。

　なお、改正法による改正後の法43条の5には、内閣府令への委任事項が3つ（前記①～③）あるが、それぞれ以下のような点を規定することを

予定している。
① 文字の大きさなどの記載方法
② 有価証券の発行者の商号、住所、代表者の氏名、事業計画、資金使途、および投資型クラウドファンディング特有のリスクなど[注4]
③ ウェブサイト

(注1) 本条の規定に基づき投資者に提供される情報は、契約締結前交付書面の記載事項と重複することとなるが、法29条の2第1項の解説のとおり、インターネットはどこからでも手軽にアクセスできるものであり、そこで取引を行おうとする者にとって意思決定の心理的障壁が低いという特性もあることに鑑みれば、投資者保護の観点から、電子募集取扱業務を行う金融商品取引業者等のウェブサイトにおいても投資者が閲覧できる状態に置くことが適当と考えられる。

(注2) 例えば、金融商品取引業者等が、あるファンド持分について4月1日から6月30日までの期間中、電子募集取扱業務を行っている場合には、当該期間中、当該ファンド持分に関する必要な事項を投資者が閲覧することができる状態に置くことが求められる。

(注3) 会員登録をした投資者にID及びパスワードを通知し、当該投資者のみがウェブサイトにアクセスして有価証券の発行者に関する情報を閲覧し、有価証券への投資をできるようにするといった形態も考えられるが、そのような形態も（法定の事項が当該投資者に対して適切に開示されるのであれば）「当該相手方が閲覧することができる状態に置かなければならない」との要件を満たすものと考えられる。

(注4) なお、これらの事項の中には、現行の法の下で、契約締結前交付書面の記載事項とされていないものも含まれているが、かかる事項については、投資型クラウドファンディングを取り扱う場合における契約締結前交付書面の記載事項に含めるための改正をあわせて行うことを予定している。

第3節　経理

第1款　第一種金融商品取引業を行う金融商品取引業者

第46条（事業年度）

改　正　後	改　正　前
第46条　金融商品取引業者（第一種金融商品取引業を行う者に限る。以下こ	第46条　金融商品取引業者（第一種金融商品取引業を行う者に限る。以下こ

改正後	改正前
の款において同じ。)の事業年度は、各月の初日のうち当該金融商品取引業者の選択する日から、当該日から起算して1年を経過する日までとする。ただし、事業年度の末日を変更する場合における変更後の最初の事業年度については、この限りでない。	の款において同じ。)の事業年度は、4月1日から翌年3月31日までとする。

　第一種金融商品取引業者の事業年度を4月1日から翌年3月31日までに限定する規制を廃止し、第一種金融商品取引業者が任意の月の初日から開始する1年を事業年度として設定できるようにすることとしている。これにより、第一種金融商品取引業者は任意の月を選択してその初日を始期とする1年間を事業年度とすることができるようになる。

　ただし、改正法の下でも、第一種金融商品取引業者は1年を超える期間又は1年未満の期間を事業年度の期間とすることはできず、また、各月の初日以外の日を事業年度の始期とすることもできない。

　なお、改正法の施行後に第一種金融商品取引業者が事業年度を変更する場合、変更直後の事業年度については期間が1年とならないことが想定される。そのため、「ただし、事業年度の末日を変更する場合における変更後の最初の事業年度については、この限りでない」というただし書を設けている。

第46条の6（自己資本規制比率）
第3項

改正後	改正前
3　金融商品取引業者は、四半期（事業年度の期間を3月ごとに区分した各期間（事業年度の末日を変更する場合における変更後の最初の事業年度にあつては、内閣府令で定める各期間）をいう。第57条の2第5項並びに第57条	3　金融商品取引業者は、毎年3月、6月、9月及び12月の末日における自己資本規制比率を記載した書面を作成し、当該末日から1月を経過した日から3月間、すべての営業所又は事務所に備え置き、公衆の縦覧に供しなけれ

の5第2項及び第3項において同じ。）の末日における自己資本規制比率を記載した書面を作成し、当該末日から1月を経過した日から3月間、<u>全て</u>の営業所又は事務所に備え置き、公衆の縦覧に供しなければならない。	ばならない。

　従来は第一種金融商品取引業者の事業年度が4月1日から翌年3月31日までに限定されていたことから、毎年3月、6月、9月及び12月の末日における自己資本規制比率の公衆縦覧が義務付けられていた。本改正で第一種金融商品取引業者が任意の月の初日から開始する1年を事業年度として設定できるようにすることに伴い、四半期（事業年度の期間を3月ごとに区分した各期間）の末日における自己資本規制比率の公衆縦覧を義務付ける形に変更している。

　なお、改正法の施行後に第一種金融商品取引業者が事業年度を変更する場合、変更直後の事業年度については期間が1年とはならないことが想定される。そのため、かかる変則事業年度における「四半期」の定義については、内閣府令で定めることとしている。

第4款　外国法人等に対する特例

第49条（事業報告書の提出等に関する特例）

第1項

改　正　後	改　正　前
（事業報告書の提出等に関する特例） 第49条　金融商品取引業者が外国法人である場合における第46条の3第1項の規定の適用については、同項中「3月以内」とあるのは、「政令で定める期間内」とする。	（適用除外） 第49条　第46条の規定は、金融商品取引業者が外国法人である場合については、適用しない。

　第一種金融商品取引業者が任意の月の初日から開始する1年を事業年度

として設定できるようにすることに伴い、外国法人について事業年度規制の適用除外としていた改正前金商法 49 条（適用除外）を削り、外国法人についても改正法による改正後の事業年度規制を適用する一方で、事業報告書については「毎年 4 月 1 日から翌年 3 月 31 日までの期間ごと」ではなく「事業年度ごと」に作成すれば良いこととしている。本項は、改正前金商法 49 条の 2（事業報告書の提出等に関する特例）第 1 項について、事業報告書の対象期間に関する読み替え部分を削った上で、改正法による改正後の法 49 条 1 項として規定するものである。

第 2 項 新設

改　　正　　後
<u>2　金融商品取引業者が外国法人である場合における第 46 条の 6 第 1 項の規定の適用については、同項中「資本金」とあるのは「持込資本金」と、「準備金」とあるのは「国内の営業所又は事務所において積み立てられた準備金」と、「固定資産」とあるのは「国内の営業所又は事務所における固定資産」とする。</u>

　外国法人である第一種金融商品取引業者の事業報告書について「毎年 4 月 1 日から翌年 3 月 31 日までの期間ごと」ではなく「事業年度ごと」に作成すれば良いとしたことに伴い、事業報告書の対象期間に関する読み替え規定である改正前金商法 49 条の 2（事業報告書の提出等に関する特例）第 2 項を削った上、改正前金商法の 49 条の 2 第 3 項と同じ内容を改正法による改正後の法 49 条 2 項として規定している。

第 3 項 新設

改　　正　　後
<u>3　金融商品取引業者が外国法人又は外国に住所を有する個人である場合における第 47 条の 2 の規定及び登録金融機関が外国法人である場合における第 48 条の 2 第 1 項の規定の適用については、これらの規定中「3 月以内」とあるのは、「政令で定める期間内」とする。</u>

改正前金商法49条（適用除外）及び49条の2（事業報告書の提出等に関する特例）第2項を削ることに伴い、改正前金商法49条の2（事業報告書の提出等に関する特例）第4項と同じ内容を改正法による改正後の法49条3項として規定している。

第49条の2（事業報告書の提出等に関する特例）

改　正　後	改　正　前
第49条の2　削除	（事業報告書の提出等に関する特例） 第49条の2　金融商品取引業者が外国法人である場合における第46条の3第1項の規定の適用については、同項中「事業年度ごとに」とあるのは「毎年4月1日から翌年3月31日までの期間ごとに」と、「毎事業年度経過後3月以内」とあるのは「当該期間経過後政令で定める期間内」とする。 2　金融商品取引業者が外国法人である場合における第46条の4の規定の適用については、同条中「事業年度ごとに」とあるのは「毎年4月1日から翌年3月31日までの期間ごとに」と、「毎事業年度経過後」とあるのは「当該期間経過後」とする。 3　金融商品取引業者が外国法人である場合における第46条の6第1項の規定の適用については、同項中「資本金」とあるのは「持込資本金」と、「準備金」とあるのは「国内の営業所又は事務所において積み立てられた準備金」と、「固定資産」とあるのは「国内の営業所又は事務所における固定資産」とする。 4　金融商品取引業者が外国法人又は外国に住所を有する個人である場合における第47条の2の規定及び登録金融

	機関が外国法人である場合における第48条の2第1項の規定の適用については、これらの規定中「3月以内」とあるのは、「政令で定める期間内」とする。

　改正前金商法49条の2（事業報告書の提出等に関する特例）を改正法による改正後の法49条に移動させたことに伴い、本条を削除している。

第49条の4（損失準備金）
第1項・第2項

改　正　後	改　正　前
第49条の4　金融商品取引業者は、内閣府令で定めるところにより、<u>第29条の4第1項第4号イ</u>の政令で定める金額に達するまでは、その金融商品取引業を行うため国内に設ける<u>全て</u>の営業所又は事務所（次項及び次条において「<u>全ての営業所又は事務所</u>」という。）の業務に係る利益の額に10分の1を超えない範囲内で内閣府令で定める率を乗じた額以上の額を、損失準備金としてその国内における主たる営業所又は事務所において積み立てなければならない。 2　前項の損失準備金は、内閣総理大臣の承認を受けて当該金融商品取引業者の<u>全て</u>の営業所又は事務所の業務に係る純損失の<u>補塡</u>に充てる場合のほか、使用してはならない。	第49条の4　金融商品取引業者は、内閣府令で定めるところにより、<u>第29条の4第1項第4号</u>の政令で定める金額に達するまでは、その金融商品取引業を行うため国内に設けるすべての営業所又は事務所（次項及び次条において「すべての営業所又は事務所」という。）の業務に係る利益の額に10分の1を超えない範囲内で内閣府令で定める率を乗じた額以上の額を、損失準備金としてその国内における主たる営業所又は事務所において積み立てなければならない。 2　前項の損失準備金は、内閣総理大臣の承認を受けて当該金融商品取引業者のすべての営業所又は事務所の業務に係る純損失の補てんに充てる場合のほか、使用してはならない。

　改正前金商法29条の4第1項4号を改正法による改正後の法における同号イとすること等に伴う形式的な改正を行っている。

第4節　監督

第50条の2（廃業等の届出等）
第4項

改　正　後	改　正　前
4　前項の規定により引き続き金融商品取引業を行うことができる場合においては、相続人を金融商品取引業者（投資助言業務を行う者に限る。）とみなして、第36条から第36条の3まで、第37条、第37条の3、第37条の4、第37条の6から第38条の2まで、第40条、第41条から第41条の5まで、第44条から第44条の3まで、第45条、第47条から第47条の3まで、<u>第49条第3項</u>、第49条の4、第49条の5、次条、第52条第1項（第1号又は第6号から第9号までに係る部分に限る。）、第4項若しくは第5項又は第56条の2（第1項、第3項又は第4項に限る。）の規定（これらの規定に係る罰則を含む。）を適用する。この場合において、第52条第1項中「第29条の登録を取り消し」とあるのは、「金融商品取引業の廃止を命じ」とする。	4　前項の規定により引き続き金融商品取引業を行うことができる場合においては、相続人を金融商品取引業者（投資助言業務を行う者に限る。）とみなして、第36条から第36条の3まで、第37条、第37条の3、第37条の4、第37条の6から第38条の2まで、第40条、第41条から第41条の5まで、第44条から第44条の3まで、第45条、第47条から第47条の3まで、<u>第49条の2第4項</u>、第49条の4、第49条の5、次条、第52条第1項（第1号又は第6号から第9号までに係る部分に限る。）、第4項若しくは第5項又は第56条の2（第1項、第3項又は第4項に限る。）の規定（これらの規定に係る罰則を含む。）を適用する。この場合において、第52条第1項中「第29条の登録を取り消し」とあるのは、「金融商品取引業の廃止を命じ」とする。

　改正前金商法の49条の2（事業報告書の提出等に関する特例）を改正法による改正後の法49条に移動させたことに伴う形式的な改正を行っている。

第52条（金融商品取引業者に対する監督上の処分）
第2項

改　正　後	改　正　前
2　内閣総理大臣は、金融商品取引業者の役員（外国法人にあつては、国内における営業所若しくは事務所に駐在する役員又は国内における代表者に限る。以下この項及び次条第2項において同じ。）が、第29条の4第1項第2号イからリまでのいずれかに該当することとなつたとき、第29条の登録当時既に同号イからリまでのいずれかに該当していたことが判明したとき、又は前項第6号若しくは第8号から第10号までのいずれかに該当することとなつたときは、当該金融商品取引業者に対して、当該役員の解任を命ずることができる。	2　内閣総理大臣は、金融商品取引業者の役員（外国法人にあつては、国内における営業所若しくは事務所に駐在する役員又は国内における代表者に限る。以下この項及び次条第2項において同じ。）が、第29条の4第1項第2号イからトまでのいずれかに該当することとなつたとき、第29条の登録当時既に同号イからトまでのいずれかに該当していたことが判明したとき、又は前項第6号若しくは第8号から第10号までのいずれかに該当することとなつたときは、当該金融商品取引業者に対して、当該役員の解任を命ずることができる。

　法29条の4第1項2号にヘ・ト（登録拒否事由に該当することを避けるための廃業等を行った法人の役員ないし個人が役員である法人について金融商品取引業の登録拒否事由とするもの）を新設することに伴い、新設したものを監督上の処分の発動事由に追加することとしている。

第52条の2（登録金融機関に対する監督上の処分）
第1項

改　正　後	改　正　前
第52条の2　内閣総理大臣は、登録金融機関が次の各号のいずれかに該当する場合においては、当該登録金融機関の第33条の2の登録を取り消し、又は6月以内の期間を定めて業務の全部若しくは一部の停止を命ずることが	第52条の2　内閣総理大臣は、登録金融機関が次の各号のいずれかに該当する場合においては、当該登録金融機関の第33条の2の登録を取り消し、又は6月以内の期間を定めて業務の全部若しくは一部の停止を命ずることが

改正後	改正前
できる。 一　第33条の5第1項各号のいずれかに該当することとなつたとき。 二～五　（略）	できる。 一　第33条の5第1項第1号、第2号又は第3号に該当することとなつたとき。 二～五　（略）

　法33条の5第1項4号・5号（協会に加入しないか、協会の規則等に準ずる内容のものと認められる社内規則を作成・遵守する体制を整備しない者及び登録金融機関業務を適確に遂行するための必要な体制が整備されていると認められない者について登録金融機関の登録拒否事由とするもの）を新設することに伴い、新設したものを監督上の処分の発動事由に追加することとしている。

第56条の4（金融商品取引所等の会員等でない金融商品取引業者等に対する監督）

改正後	改正前
（削る）	第56条の4　内閣総理大臣は、協会（認可金融商品取引業協会又は第78条第2項に規定する認定金融商品取引業協会をいう。以下この条において同じ。）に加入せず、又は金融商品取引所の会員若しくは取引参加者（次項において「会員等」という。）となつていない金融商品取引業者等（金融商品取引業者にあつては、第一種金融商品取引業又は投資運用業を行う者に限る。以下この条において同じ。）の業務について、公益を害し、又は投資者保護に欠けることのないよう、協会又は金融商品取引所の定款その他の規則を考慮し、適切な監督を行わなければならない。 2　前項に規定する監督を行うため、内閣総理大臣は、協会に加入せず、又は金融商品取引所の会員等となつていな

	い金融商品取引業者等に対して、協会又は金融商品取引所の定款その他の規則を考慮し、当該金融商品取引業者等又はその役員若しくは使用人が遵守すべき規則（以下この条において「社内規則」という。）の作成又は変更を命ずることができる。 3　前項の規定により社内規則の作成又は変更を命ぜられた金融商品取引業者等は、30日以内に、当該社内規則の作成又は変更をし、内閣総理大臣の承認を受けなければならない。 4　前項の承認を受けた金融商品取引業者等は、当該承認を受けた社内規則を変更し、又は廃止しようとする場合においては、内閣総理大臣の承認を受けなければならない。

　法29条の4第1項4号ニ（金融商品取引業協会へ加入していない金融商品取引業者等であって社内規則の整備等を行っていない者について金融商品取引業の登録拒否事由とするもの）が新設されたことに伴い、本条を削ることとしている。

　改正前金商法56条の4は、自主規制機関である協会等に加入していない金融商品取引業者等について、自主規制の実効性を確保するために、協会等が定める自主規制と同様のルールが遵守されることを確保する観点から設けられている規制である。

　このうち、金融商品取引業協会の会員となっていない金融商品取引業者等の監督に関する規定については、今回の改正により、登録拒否事由へ移すこととし、具体的には、協会の定款・規則等に準ずる内容のものと認められる社内規則を作成し、当該社内規則を遵守する体制を整備していないものについて、登録を拒否することとしている（改正法による改正後の法29条の4第1項4号ニ）。そのため、協会に関する部分については、本条の必要性はなくなることとなる。

一方、金融商品取引所の会員等となっていない金融商品取引業者等の監督に関する規定については、現在では、取引所集中義務が撤廃され、取引所外の取引も認められていること、また、金融商品取引業者等の業務内容が多様化し、必ずしも全ての金融商品取引業者等に取引所の自主規制を及ぼす必要がないこと等を勘案し、登録拒否要件へ移すこととはしていない。

　なお、改正後は、社内規則の作成だけでなく、それを遵守する体制の整備を求めることとなる（改正法による改正後の法29条の4第1項4号ニ）ほか、従来、社内規則に不備がある金融商品取引業者等に対しては、社内規則作成・変更命令を発出した上で、当該命令に従わない場合に登録取消処分を課すことができることとされていたが、改正後は、不備がある業者に対して、業務改善命令（法51条）を発出することができるだけでなく、直ちに業務停止処分や登録取消処分（法52条1項2号）を行うことができることとなっている。

第57条（審問等）

改正後	改正前
第57条　内閣総理大臣は、第29条若しくは第33条の2の登録、第30条第1項の認可又は第31条第4項の変更登録を拒否しようとするときは、登録申請者又は金融商品取引業者に通知して、当該職員に、当該登録申請者又は当該金融商品取引業者につき審問を行わせなければならない。	第57条　内閣総理大臣は、第29条若しくは第33条の2の登録、第30条第1項の認可又は第31条第4項の変更登録を拒否しようとするときは、登録申請者又は金融商品取引業者に通知して、当該職員に、当該登録申請者又は当該金融商品取引業者につき審問を行わせなければならない。
2　内閣総理大臣は、第51条、第51条の2、第52条第1項、第52条の2第1項、第53条、第54条又は<u>前条</u>の規定に基づいて処分をしようとするときは、行政手続法第13条第1項の規定による意見陳述のための手続の区分にかかわらず、聴聞を行わなければならない。	2　内閣総理大臣は、第51条、第51条の2、第52条第1項、第52条の2第1項、第53条、第54条又は<u>第56条の3</u>の規定に基づいて処分をしようとするときは、行政手続法第13条第1項の規定による意見陳述のための手続の区分にかかわらず、聴聞を行わなければならない。
3　内閣総理大臣は、第29条若しくは	3　内閣総理大臣は、第29条若しくは

改正後	改正前
第33条の2の登録、第30条第1項若しくは第31条第6項の認可、同条第4項の変更登録若しくは第35条第4項の承認をし、若しくはしないこととしたとき、第30条の2第1項の規定により条件を付することとしたとき、又は第51条、第51条の2、第52条第1項若しくは第2項、第52条の2第1項若しくは第2項、第53条、第54条若しくは前条の規定に基づいて処分をすることとしたときは、書面により、その旨を登録申請者又は金融商品取引業者等に通知しなければならない。	第33条の2の登録、第30条第1項若しくは第31条第6項の認可、<u>第31条</u>第4項の変更登録、<u>第35条第4項の承認若しくは前条第3項若しくは第4項</u>の承認をし、若しくはしないこととしたとき、第30条の2第1項の規定により条件を付することとしたとき、又は第51条、第51条の2、第52条第1項若しくは第2項、第52条の2第1項若しくは第2項、第53条、第54条、<u>第56条の3若しくは前条第2項</u>の規定に基づいて処分をすることとしたときは、書面により、その旨を登録申請者又は金融商品取引業者等に通知しなければならない。

　改正前金商法56条の4を削除したことに伴う形式的な改正を行っている。

第4節の2　特別金融商品取引業者等に関する特則

第1款　特別金融商品取引業者

第57条の2（特別金融商品取引業者に係る届出等）
第5項

改　正　後	改　正　前
5　第2項又は第3項の規定により第2項各号に掲げる書類を提出した特別金融商品取引業者（親会社がある者に限る。）は、四半期ごとに、当該特別金融商品取引業者の親会社のうちその親会社がない会社の四半期報告書その他の当該特別金融商品取引業者の親会社及びその子法人等の業務及び財産の状況を内閣府令で定めるところにより記	5　第2項又は第3項の規定により第2項各号に掲げる書類を提出した特別金融商品取引業者（親会社がある者に限る。）は、四半期<u>（1月から3月まで、4月から6月まで、7月から9月まで及び10月から12月までの各区分による期間をいう。以下この項、第57条の5第2項及び第3項並びに第57条の17第2項及び第3項において同じ。）</u>

載した書類（第57条の12第3項に規定する最終指定親会社又はその子法人等に関する書類であつて、内閣府令で定めるものを除く。）を、当該四半期経過後政令で定める期間内に、内閣総理大臣に提出しなければならない。	ごとに、当該特別金融商品取引業者の親会社のうちその親会社がない会社の四半期報告書その他の当該特別金融商品取引業者の親会社及びその子法人等の業務及び財産の状況を内閣府令で定めるところにより記載した書類（第57条の12第3項に規定する最終指定親会社又はその子法人等に関する書類であつて、内閣府令で定めるものを除く。）を、当該四半期経過後政令で定める期間内に、内閣総理大臣に提出しなければならない。

　特別金融商品取引業者は第一種金融商品取引業者であることが要件となっていることから（法57条の2第1項）、法46条の改正により、特別金融商品取引業者も任意の月の初日から開始する1年を事業年度として設定できるようになる。これに伴い、特別金融商品取引業者に係る四半期の定義を「1月から3月まで、4月から6月まで、7月から9月まで及び10月から12月までの各区分による期間」から「事業年度の期間を3月ごとに区分した各期間」へと変更している。

第2款　指定親会社

第57条の17（経営の健全性の状況を記載した書面の届出等）
第2項

改　正　後	改　正　前
2　最終指定親会社は、最終指定親会社になつた日から起算して政令で定める期間が経過した日の属する最終指定親会社四半期（1月から3月まで、4月から6月まで、7月から9月まで及び10月から12月までの各区分による期間をいう。以下この条において同じ。）以降、最終指定親会社四半期ごとに、	2　最終指定親会社は、最終指定親会社になつた日から起算して政令で定める期間が経過した日の属する四半期以降、四半期ごとに、内閣府令で定めるところにより、当該四半期の末日における前項に規定する基準を用いて表示される経営の健全性の状況（次項及び第57条の21第1項から第3項までに

改正後	改正前
内閣府令で定めるところにより、<u>当該最終指定親会社四半期の末日</u>における前項に規定する基準を用いて表示される経営の健全性の状況（次項及び第57条の21第1項から第3項までにおいて単に「経営の健全性の状況」という。）を記載した書面を内閣総理大臣に届け出なければならない。	おいて単に「経営の健全性の状況」という。）を記載した書面を内閣総理大臣に届け出なければならない。

　最終指定親会社は第一種金融商品取引業者であることが要件となっておらず、事業年度の期間が必ずしも1年に限られないことから、従前と同様、1月から3月まで、4月から6月まで、7月から9月まで及び10月から12月までの各区分による期間ごとに経営の健全性の状況を記載した書面の届出等を義務付けることとしている。本項は、最終指定親会社に係る四半期を他の四半期（事業年度の期間を3月ごとに区分した各期間）と区別するため、「1月から3月まで、4月から6月まで、7月から9月まで及び10月から12月までの各区分による期間」を「最終指定親会社四半期」と定義している。

第3項

改正後	改正前
3　最終指定親会社は、最終指定親会社になつた日から起算して政令で定める期間が経過した日の属する<u>最終指定親会社四半期以降</u>、<u>最終指定親会社四半期</u>ごとに、当該<u>最終指定親会社四半期</u>の末日から起算して政令で定める期間を経過した日から3月間、内閣府令で定めるところにより、経営の健全性の状況を記載した書面を対象特別金融商品取引業者の<u>全て</u>の営業所又は事務所に備え置き、公衆の縦覧に供しなければならない。	3　最終指定親会社は、最終指定親会社になつた日から起算して政令で定める期間が経過した日の属する<u>四半期以降</u>、<u>四半期</u>ごとに、当該<u>四半期</u>の末日から起算して政令で定める期間を経過した日から3月間、内閣府令で定めるところにより、経営の健全性の状況を記載した書面を対象特別金融商品取引業者の<u>すべて</u>の営業所又は事務所に備え置き、公衆の縦覧に供しなければならない。

最終指定親会社に係る四半期について「最終指定親会社四半期」という定義を設けたことに伴う形式的な改正を行っている。

第57条の20（指定親会社等に対する措置命令等）

第1項

改正後	改正前
第57条の20　内閣総理大臣は、指定親会社が次の各号のいずれかに該当する場合においては、当該指定親会社に対し3月以内の期間を定めて対象特別金融商品取引業者の親会社でなくなるための措置その他必要な措置をとるべきことを命ずることができる。 一　役員のうちに第29条の4第1項第2号イから<u>リ</u>までのいずれかに該当する者があるとき。 二～四　（略）	第57条の20　内閣総理大臣は、指定親会社が次の各号のいずれかに該当する場合においては、当該指定親会社に対し3月以内の期間を定めて対象特別金融商品取引業者の親会社でなくなるための措置その他必要な措置をとるべきことを命ずることができる。 一　役員のうちに第29条の4第1項第2号イから<u>ト</u>までのいずれかに該当する者があるとき。 二～四　（略）

法29条の4第1項2号にヘ・ト（登録拒否事由に該当することを避けるための廃業等を行った法人の役員ないし個人が役員である法人について金融商品取引業の登録拒否事由とするもの）を新設することに伴い、新設したものを指定親会社等に対する措置命令等の発出事由に追加することとしている。

第3項

改正後	改正前
3　内閣総理大臣は、指定親会社の役員（外国会社にあつては、国内における事務所に駐在する役員に限る。以下この項において同じ。）が、第29条の4第1項第2号イから<u>リ</u>までのいずれかに該当することとなつたとき、又は前項第1号に該当することとなつた	3　内閣総理大臣は、指定親会社の役員（外国会社にあつては、国内における事務所に駐在する役員に限る。以下この項において同じ。）が、第29条の4第1項第2号イから<u>ト</u>までのいずれかに該当することとなつたとき、又は前項第1号に該当することとなつた

| ときは、当該指定親会社に対して、当該役員の解任を命ずることができる。 | ときは、当該指定親会社に対して、当該役員の解任を命ずることができる。 |

　法29条の4第1項2号にヘ・ト（登録拒否事由に該当することを避けるための廃業等を行った法人の役員ないし個人が役員である法人について金融商品取引業の登録拒否事由とするもの）を新設することに伴い、新設したものを指定親会社に対する役員の解任命令の発出事由に追加することとしている。

第5節　外国業者に関する特例

第2款　引受業務の一部の許可

第59条の2（引受業務の一部の許可の申請）
第3項

改　正　後	改　正　前
3　第1項の許可申請書には、次に掲げる書類を添付しなければならない。ただし、第1号又は第4号に掲げる書類については、当該書類が同項に規定する許可申請書を提出する日前1年以内に添付して提出された書類と同一内容のものである場合には、当該書類を提出した年月日及び当該書類を参照すべき旨を記載した書類とすることができる。 一・二　（略） 三　第59条の4第1項第1号及び第2号のいずれにも該当しない者であること並びに役員が第29条の4第1項第2号イから<u>リ</u>までのいずれにも該当しない者であることを代表権を有する役員が誓約する書面（許可申請者が個人である場合には、当該個人が第59条の4第1項第1号及	3　第1項の許可申請書には、次に掲げる書類を添付しなければならない。ただし、第1号又は第4号に掲げる書類については、当該書類が同項に規定する許可申請書を提出する日前1年以内に添付して提出された書類と同一内容のものである場合には、当該書類を提出した年月日及び当該書類を参照すべき旨を記載した書類とすることができる。 一・二　（略） 三　第59条の4第1項第1号及び第2号のいずれにも該当しない者であること並びに役員が第29条の4第1項第2号イから<u>ト</u>までのいずれにも該当しない者であることを代表権を有する役員が誓約する書面（許可申請者が個人である場合には、当該個人が第59条の4第1項第1号及

改　正　後	改　正　前
び第2号並びに第29条の4第1項第2号イからリまでのいずれにも該当しない者であることを当該個人が誓約する書面） 　四　（略）	び第2号並びに第29条の4第1項第2号イからトまでのいずれにも該当しない者であることを当該個人が誓約する書面） 　四　（略）

　法29条の4第1項2号にヘ・ト（登録拒否事由に該当することを避けるための廃業等を行った法人の役員ないし個人が役員である法人について金融商品取引業の登録拒否事由とするもの）を新設することに伴い、新設したものを引受業務の一部の許可に係る申請書の添付書類である誓約書の記載事項に追加することとしている。

第59条の4（引受業務の一部の許可の拒否要件）
第1項

改　正　後	改　正　前
第59条の4　内閣総理大臣は、許可申請者が次の各号のいずれかに該当するとき、又は許可申請書若しくはその添付書類のうちに虚偽の記載があり、若しくは重大な事実の記載が欠けているときは、許可を拒否しなければならない。 　一・二　（略） 　三　役員（いかなる名称を有するかを問わず、当該法人に対し役員と同等以上の支配力を有するものと認められる者を含む。次条第1項第3号、第60条の3第1項及び第60条の8第2項において同じ。）又は国内における代表者（外国証券業者の会社法第817条第1項に規定する日本における代表者をいう。以下この節において同じ。）のうちに第29条の4のいずれかに該当する者のある法人	第59条の4　内閣総理大臣は、許可申請者が次の各号のいずれかに該当するとき、又は許可申請書若しくはその添付書類のうちに虚偽の記載があり、若しくは重大な事実の記載が欠けているときは、許可を拒否しなければならない。 　一・二　（略） 　三　役員（いかなる名称を有するかを問わず、当該法人に対し役員と同等以上の支配力を有するものと認められる者を含む。次条第1項第3号、第60条の3第1項及び第60条の8第2項において同じ。）又は国内における代表者（外国証券業者の会社法第817条第1項に規定する日本における代表者をいう。以下この節において同じ。）のうちに第29条の4第1項第2号イからトまでに掲げる

改正後	改正前
であるとき。	者のいずれかに該当する者のある法人であるとき。

　法29条の4第1項2号にヘ・ト（登録拒否事由に該当することを避けるための廃業等を行った法人の役員ないし個人が役員である法人について金融商品取引業の登録拒否事由とするもの）を新設することに伴い、新設したものを引受業務の一部の許可の拒否要件に追加することとしている。

第59条の5（引受業務の一部の許可の取消し）
第1項

改正後	改正前
第59条の5　内閣総理大臣は、第59条第1項の許可を受けた外国証券業者が次の各号のいずれかに該当する場合には、当該許可を取り消すことができる。 一・二　（略） 三　当該外国証券業者の役員又は国内における代表者（当該外国証券業者が個人である場合にあつては、当該個人）が、第29条の4第1項第2号イから<u>リ</u>までに掲げる者のいずれかに該当することとなつた場合又は前号の行為をした場合において、当該許可に係る行為が公正に行われないこととなるおそれがあると認められるとき。	第59条の5　内閣総理大臣は、第59条第1項の許可を受けた外国証券業者が次の各号のいずれかに該当する場合には、当該許可を取り消すことができる。 一・二　（略） 三　当該外国証券業者の役員又は国内における代表者（当該外国証券業者が個人である場合にあつては、当該個人）が、第29条の4第1項第2号イから<u>ト</u>までに掲げる者のいずれかに該当することとなつた場合又は前号の行為をした場合において、当該許可に係る行為が公正に行われないこととなるおそれがあると認められるとき。

　法29条の4第1項2号にヘ・ト（登録拒否事由に該当することを避けるための廃業等を行った法人の役員ないし個人が役員である法人について金融商品取引業の登録拒否事由とするもの）を新設することに伴い、新設したものを引受業務の一部の許可の取消事由に追加することとしている。

第3款　取引所取引業務の許可

第60条の3（取引所取引業務の許可の拒否要件）
第1項

改　正　後	改　正　前
第60条の3　内閣総理大臣は、前条第1項の規定による許可の申請が次の各号のいずれかに該当するときは、その許可を拒否しなければならない。 一　許可申請者が次のいずれかに該当するとき。 　イ～リ　（略） 　ヌ　役員、取引所取引店所在国における代表者又は国内における代表者のうちに第29条の4第1項第2号イから<u>リ</u>までのいずれかに該当する者のある法人であるとき。 　ル　（略） 二～四　（略）	第60条の3　内閣総理大臣は、前条第1項の規定による許可の申請が次の各号のいずれかに該当するときは、その許可を拒否しなければならない。 一　許可申請者が次のいずれかに該当するとき。 　イ～リ　（略） 　ヌ　役員、取引所取引店所在国における代表者又は国内における代表者のうちに第29条の4第1項第2号イから<u>ト</u>までのいずれかに該当する者のある法人であるとき。 　ル　（略） 二～四　（略）

　法29条の4第1項2号にヘ・ト（登録拒否事由に該当することを避けるための廃業等を行った法人の役員ないし個人が役員である法人について金融商品取引業の登録拒否事由とするもの）を新設することに伴い、新設したものを取引所取引業務の許可の拒否要件に追加することとしている。

第60条の8（取引所取引許可業者に対する監督上の処分）
第2項

改　正　後	改　正　前
2　内閣総理大臣は、取引所取引許可業者の国内における代表者（国内に事務所その他の施設がある場合にあつては、当該施設に駐在する役員を含む。）	2　内閣総理大臣は、取引所取引許可業者の国内における代表者（国内に事務所その他の施設がある場合にあつては、当該施設に駐在する役員を含む。）

改正後	改正前
が、第29条の4第1項第2号イからリまでのいずれかに該当することとなつたとき、又は前項第3号若しくは第5号に該当する行為をしたときは、取引所取引許可業者に対して、当該国内における代表者の解任又は解職を命ずることができる。	が、第29条の4第1項第2号イからトまでのいずれかに該当することとなつたとき、又は前項第3号若しくは第5号に該当する行為をしたときは、取引所取引許可業者に対して、当該国内における代表者の解任又は解職を命ずることができる。

　法29条の4第1項2号にヘ・ト（登録拒否事由に該当することを避けるための廃業等を行った法人の役員ないし個人が役員である法人について金融商品取引業の登録拒否事由とするもの）を新設することに伴い、新設したものを取引所取引許可業者に対する監督上の処分の発動要件に追加することとしている。

第6節　適格機関投資家等特例業務に関する特例

第63条（適格機関投資家等特例業務）

第4項

改正後	改正前
4　特例業務届出者が適格機関投資家等特例業務を行う場合においては、当該特例業務届出者を金融商品取引業者とみなして、第38条（第1号に係る部分に限る。）及び第39条並びにこれらの規定に係る<u>第8章及び第8章の2</u>の規定を適用する。	4　特例業務届出者が適格機関投資家等特例業務を行う場合においては、当該特例業務届出者を金融商品取引業者とみなして、第38条（第1号に係る部分に限る。）及び第39条並びにこれらの規定に係る<u>第8章</u>の規定を適用する。

　金商法に「第8章の2　没収に関する手続等の特例」を追加することに伴う形式的な改正を行っている。

第7節　外務員

第64条の2（登録の拒否）
第1項

改　正　後	改　正　前
第64条の2　内閣総理大臣は、登録の申請に係る外務員が次の各号のいずれかに該当するとき、又は登録申請書若しくはその添付書類のうちに虚偽の記載があり、若しくは重要な事実の記載が欠けているときは、その登録を拒否しなければならない。 一　第29条の4第1項第2号イから<u>リ</u>までに掲げる者 二～四　（略）	第64条の2　内閣総理大臣は、登録の申請に係る外務員が次の各号のいずれかに該当するとき、又は登録申請書若しくはその添付書類のうちに虚偽の記載があり、若しくは重要な事実の記載が欠けているときは、その登録を拒否しなければならない。 一　第29条の4第1項第2号イから<u>ト</u>までに掲げる者 二～四　（略）

　法29条の4第1項2号にヘ・ト（登録拒否事由に該当することを避けるための廃業等を行った法人の役員ないし個人が役員である法人について金融商品取引業の登録拒否事由とするもの）を新設することに伴い、新設したものを外務員登録の拒否要件に追加することとしている。

第64条の4（登録事項の変更等の届出）

改　正　後	改　正　前
第64条の4　金融商品取引業者等は、第64条第1項の規定により登録を受けている外務員について、次の各号のいずれかに該当する事実が生じたときは、遅滞なく、その旨を内閣総理大臣に届け出なければならない。 一　（略） 二　第29条の4第1項第2号イから<u>リ</u>までのいずれかに該当することとなつたとき。	第64条の4　金融商品取引業者等は、第64条第1項の規定により登録を受けている外務員について、次の各号のいずれかに該当する事実が生じたときは、遅滞なく、その旨を内閣総理大臣に届け出なければならない。 一　（略） 二　第29条の4第1項第2号イから<u>ト</u>までのいずれかに該当することとなつたとき。

| 三　（略） | 三　（略） |

　法29条の4第1項2号にヘ・ト（登録拒否事由に該当することを避けるための廃業等を行った法人の役員ないし個人が役員である法人について金融商品取引業の登録拒否事由とするもの）を新設することに伴い、新設したものを外務員登録に係る登録事項の変更等の届出の提出義務が発生することとなる事由に追加することとしている。

第64条の5（外務員に対する監督上の処分）
第1項

改　正　後	改　正　前
第64条の5　内閣総理大臣は、登録を受けている外務員が次の各号のいずれかに該当する場合においては、その登録を取り消し、又は2年以内の期間を定めてその職務の停止を命ずることができる。 　一　第29条の4第1項第2号イからリまでのいずれかに該当することとなつたとき、又は登録の当時既に第64条の2第1項各号のいずれかに該当していたことが判明したとき。 　二・三　（略）	第64条の5　内閣総理大臣は、登録を受けている外務員が次の各号のいずれかに該当する場合においては、その登録を取り消し、又は2年以内の期間を定めてその職務の停止を命ずることができる。 　一　第29条の4第1項第2号イからトまでのいずれかに該当することとなつたとき、又は登録の当時既に第64条の2第1項各号のいずれかに該当していたことが判明したとき。 　二・三　（略）

　法29条の4第1項2号にヘ・ト（登録拒否事由に該当することを避けるための廃業等を行った法人の役員ないし個人が役員である法人について金融商品取引業の登録拒否事由とするもの）を新設することに伴い、新設したものを外務員に対する監督上の処分の発動事由に追加することとしている。

第8節　雑則

第65条の5（適用除外）
第2項

改　正　後	改　正　前
2　信託会社、外国信託会社又は信託業法第50条の2第1項の登録を受けた者が前項の規定により信託受益権の売買等を業として行う場合においては、これらの者を金融商品取引業者とみなして、第34条から第34条の5まで、第36条第1項、第36条の2第1項（同法第50条の2第1項の登録を受けた者が信託受益権の売買等を業として行う場合に限る。）、第36条の3、第37条（第1項第2号を除く。）、第37条の2、第37条の3（第1項第2号を除く。）、第37条の4、第37条の6、第38条<u>（第7号を除く。）</u>、第39条、第40条、第40条の4、第40条の5、第45条第1号及び第2号、第47条から第47条の3まで、第51条、第52条第1項及び第2項、第56条の2第1項、第190条並びに第194条の5第2項の規定並びにこれらの規定に係る<u>第8章及び第8章の2の規定</u>を適用する。この場合において、第52条第1項中「次の各号のいずれか」とあるのは「第6号又は第9号」と、「当該金融商品取引業者の第29条の登録を取り消し、第30条第1項の認可を取り消し、又は6月以内の期間を定めて」とあるのは「6月以内の期間を定めて」と、同条第2項中「第29条の登録当時既に同号イから<u>リ</u>までのいずれかに該当していたことが判明したとき、又	2　信託会社、外国信託会社又は信託業法第50条の2第1項の登録を受けた者が前項の規定により信託受益権の売買等を業として行う場合においては、これらの者を金融商品取引業者とみなして、第34条から第34条の5まで、第36条第1項、第36条の2第1項（同法第50条の2第1項の登録を受けた者が信託受益権の売買等を業として行う場合に限る。）、第36条の3、第37条（第1項第2号を除く。）、第37条の2、第37条の3（第1項第2号を除く。）、第37条の4、第37条の6、第38条、第39条、第40条、第40条の4、第40条の5、第45条第1号及び第2号、第47条から第47条の3まで、第51条、第52条第1項及び第2項、第56条の2第1項、第190条並びに第194条の5第2項の<u>規定（これらの規定に係る罰則を含む。）</u>を適用する。この場合において、第52条第1項中「次の各号のいずれか」とあるのは「第6号又は第9号」と、「当該金融商品取引業者の第29条の登録を取り消し、第30条第1項の認可を取り消し、又は6月以内の期間を定めて」とあるのは「6月以内の期間を定めて」と、同条第2項中「第29条の登録当時既に同号イから<u>ト</u>までのいずれかに該当していたことが判明したとき、又は前項第6号若しくは第8号から第10号ま

改　正　後	改　正　前
は前項第6号若しくは第8号から第10号までのいずれか」とあるのは「又は前項第6号若しくは第9号」とする。	でのいずれか」とあるのは「又は前項第6号若しくは第9号」とする。

　金商法に「第8章の2　没収に関する手続等の特例」を追加することに伴う形式的な改正を行っている。

第4項

改　正　後	改　正　前
4　機構が信託受益権の販売を行う場合においては、機構を金融商品取引業者とみなして、第34条から第34条の5まで、第36条第1項、第37条（第1項第2号を除く。）、第37条の3（第1項第2号を除く。）、第37条の4、第37条の6、第38条(第7号を除く。)、第39条、第40条、第40条の4、第40条の5並びに第45条第1号及び第2号の規定並びにこれらの規定に係る第8章及び第8章の2の規定を適用する。	4　機構が信託受益権の販売を行う場合においては、機構を金融商品取引業者とみなして、第34条から第34条の5まで、第36条第1項、第37条（第1項第2号を除く。）、第37条の3（第1項第2号を除く。）、第37条の4、第37条の6、第38条、第39条、第40条、第40条の4、第40条の5並びに第45条第1号及び第2号の規定（これらの規定に係る罰則を含む。）を適用する。

　金商法に「第8章の2　没収に関する手続等の特例」を追加することに伴う形式的な改正を行っている。

第3章の2　金融商品仲介業者

第1節　総則

第66条の4（登録の拒否）

改　正　後	改　正　前
第66条の4　内閣総理大臣は、登録申請者が次の各号のいずれかに該当するとき、又は登録申請書若しくはこれに添付すべき書類若しくは電磁的記録のうちに虚偽の記載若しくは記録があり、若しくは重要な事実の記載若しくは記録が欠けているときは、その登録を拒否しなければならない。 一　登録申請者が個人であるときは、第29条の4第1項第2号イからリまでのいずれかに該当する者 二　登録申請者が法人であるときは、次のいずれかに該当する者 　イ　第29条の4第1項第1号イからハまでのいずれかに該当する者 　ロ　役員のうちに第29条の4第1項第2号イからリまでのいずれかに該当する者のある者 三〜六　（略）	第66条の4　内閣総理大臣は、登録申請者が次の各号のいずれかに該当するとき、又は登録申請書若しくはこれに添付すべき書類若しくは電磁的記録のうちに虚偽の記載若しくは記録があり、若しくは重要な事実の記載若しくは記録が欠けているときは、その登録を拒否しなければならない。 一　登録申請者が個人であるときは、第29条の4第1項第2号イからトまでのいずれかに該当する者 二　登録申請者が法人であるときは、次のいずれかに該当する者 　イ　第29条の4第1項第1号イ又はロに該当する者 　ロ　役員のうちに第29条の4第1項第2号イからトまでのいずれかに該当する者のある者 三〜六　（略）

　法29条の4第1項1号にロ（登録拒否事由に該当することを避けるための廃業等を行った者について金融商品取引業の登録拒否事由とするもの）を新設し、2号にヘ・ト（登録拒否事由に該当することを避けるための廃業等を行った法人の役員ないし個人が役員である法人について金融商品取引業の登録拒否事由とするもの）を新設することに伴い、新設したものを金融商品仲介業者の登録拒否事由に追加することとしている。

第2節　業務

第66条の14（禁止行為）
第1号

改　正　後	改　正　前
一　金融商品仲介業に関連し、次に掲げるいずれかの行為を行うこと。 イ・ロ　（略） ハ　第38条第7号に該当する行為 ニ　投資助言業務（第28条第6項に規定する投資助言業務をいう。ニにおいて同じ。）を行う場合には当該投資助言業務に係る助言に基づいて顧客が行う有価証券の売買その他の取引等又は投資運用業を行う場合には当該投資運用業に係る運用として行う有価証券の売買その他の取引等に関する情報を利用してこれらの顧客以外の顧客に対して勧誘する行為 ホ　金融商品仲介業以外の業務を行う場合には当該業務により知り得た有価証券の発行者に関する情報（有価証券の発行者の運営、業務又は財産に関する公表されていない情報であつて金融商品仲介業に係る顧客の投資判断に影響を及ぼすものに限る。）を利用して勧誘する行為 ヘ　金銭の貸付けその他信用の供与をすることを条件として勧誘する行為（投資者の保護に欠けるおそれが少ないと認められるものとして内閣府令で定めるものを除く。）	一　金融商品仲介業に関連し、次に掲げるいずれかの行為を行うこと。 イ・ロ　（略） （新設） ハ　投資助言業務（第28条第6項に規定する投資助言業務をいう。ハにおいて同じ。）を行う場合には当該投資助言業務に係る助言に基づいて顧客が行う有価証券の売買その他の取引等又は投資運用業を行う場合には当該投資運用業に係る運用として行う有価証券の売買その他の取引等に関する情報を利用してこれらの顧客以外の顧客に対して勧誘する行為 ニ　金融商品仲介業以外の業務を行う場合には当該業務により知り得た有価証券の発行者に関する情報（有価証券の発行者の運営、業務又は財産に関する公表されていない情報であつて金融商品仲介業に係る顧客の投資判断に影響を及ぼすものに限る。）を利用して勧誘する行為 ホ　金銭の貸付けその他信用の供与をすることを条件として勧誘する行為（投資者の保護に欠けるおそれが少ないと認められるものとして内閣府令で定めるものを除く。）

法66条の14条1号にハを新設することにより、新設する法38条7号と同様の規制を金融商品仲介業者に課すものである。

金融商品取引業者等は、金融指標に係るデリバティブ取引等の金融商品取引行為を業として行う者であり、金融商品取引行為において利用される金融指標の数値を操作することにより、不正な利益を得ることを目的として「正当な根拠を有しない算出基礎情報の提供」を行う誘因が働きやすい。このため、特定金融指標算出者に対して行う「正当な根拠を有しない算出基礎情報を提供する行為」について罰則をもって禁止する必要性が高いことから、新設される法38条7号は、金融商品取引業者等に対して、直接の規制を設けることとしている。

一方、金融商品仲介業者は、金融商品取引業者（第一種金融商品取引業又は投資運用業を行う者に限る）又は登録金融機関の委託を受けて、以下のいずれかの行為（法2条11項）を当該金融商品取引業者のために行う者である。

① 有価証券の売買の媒介
② 有価証券の売買、市場デリバティブ取引又は外国市場デリバティブ取引の委託の媒介
③ 有価証券の募集又は売出し等の取扱い
④ 投資顧問契約又は投資一任契約の締結の代理又は媒介

これらの業務は金融商品取引業に該当することから、金融商品仲介業者には、金融商品取引業者に類似した行為規制が課されており、法66条の14においては、金融商品仲介業に関連して、金融商品取引業者等と同様の禁止行為（法38条）が規定されている。

このことに加え、金融商品仲介業には、金融指標に係るデリバティブ取引等の金融商品取引行為の媒介等が含まれるため、金融商品仲介業者に対しても、特定金融指標算出者に対して行う「正当な根拠を有しない算出基礎情報を提供する行為」を禁止する必要性が高いものと考えられる。

これらの理由から、法66条の14第1号ハ[注]において、法38条7号と同様の規制を金融商品仲介業者に課すものである。

（注）　新設する法38条7号の違反には罰則を科すこととしていることから（改正法による改正後の法198条2号の3）、金融商品仲介業者に対しても同様の罰則を科すこととした。

第4節　監督

第66条の20（監督上の処分）
第2項

改　正　後	改　正　前
2　内閣総理大臣は、金融商品仲介業者の役員が、第29条の4第1項第2号イから<u>リ</u>までのいずれかに該当することとなつたとき、又は前項第3号に該当する行為をしたときは、当該金融商品仲介業者に対して、当該役員の解任を命ずることができる。	2　内閣総理大臣は、金融商品仲介業者の役員が、第29条の4第1項第2号イから<u>ト</u>までのいずれかに該当することとなつたとき、又は前項第3号に該当する行為をしたときは、当該金融商品仲介業者に対して、当該役員の解任を命ずることができる。

　法29条の4第1項2号にヘ・ト（登録拒否事由に該当することを避けるための廃業等を行った法人の役員ないし個人が役員である法人について金融商品取引業の登録拒否事由とするもの）を新設することに伴い、新設したものを金融商品仲介業者に対する監督上の処分の発動事由に追加することとしている。

第3章の3　信用格付業者

第1節　総則

第66条の30（登録の拒否）
第1項

改　正　後	改　正　前
第66条の30　内閣総理大臣は、登録申請者が次の各号のいずれかに該当するとき、又は登録申請書若しくはこれに添付すべき書類若しくは電磁的記録のうちに虚偽の記載若しくは記録があり、若しくは重要な事実の記載若しくは記録が欠けているときは、その登録を拒否しなければならない。 一　（略） 二　第29条の4第1項第1号イからハまでのいずれかに該当する法人 三　役員のうちに第29条の4第1項第2号イからリまでのいずれかに該当する者のある法人 四・五　（略）	第66条の30　内閣総理大臣は、登録申請者が次の各号のいずれかに該当するとき、又は登録申請書若しくはこれに添付すべき書類若しくは電磁的記録のうちに虚偽の記載若しくは記録があり、若しくは重要な事実の記載若しくは記録が欠けているときは、その登録を拒否しなければならない。 一　（略） 二　第29条の4第1項第1号イ又はロに該当する法人 三　役員のうちに第29条の4第1項第2号イからトまでのいずれかに該当する者のある法人 四・五　（略）

　法29条の4第1項1号にロ（登録拒否事由に該当することを避けるための廃業等を行った者について金融商品取引業の登録拒否事由とするもの）を新設し、2号にヘ・ト（登録拒否事由に該当することを避けるための廃業等を行った法人の役員ないし個人が役員である法人について金融商品取引業の登録拒否事由とするもの）を新設することにい、新設したものを信用格付業者の登録拒否事由に追加することとしている。

第4節 監督

第66条の42（監督上の処分）
第2項

改　正　後	改　正　前
2　内閣総理大臣は、信用格付業者の役員（外国法人にあつては、国内における営業所若しくは事務所に駐在する役員又は国内における代表者に限る。以下この項において同じ。）が、第29条の4第1項第2号イから<u>リ</u>までのいずれかに該当することとなつたとき、第66条の27の登録当時既に同号イから<u>リ</u>までのいずれかに該当していたことが判明したとき、又は前項第4号から第6号までのいずれかに該当することとなつたときは、当該信用格付業者に対して、当該役員の解任を命ずることができる。	2　内閣総理大臣は、信用格付業者の役員（外国法人にあつては、国内における営業所若しくは事務所に駐在する役員又は国内における代表者に限る。以下この項において同じ。）が、第29条の4第1項第2号イから<u>ト</u>までのいずれかに該当することとなつたとき、第66条の27の登録当時既に同号イから<u>ト</u>までのいずれかに該当していたことが判明したとき、又は前項第4号から第6号までのいずれかに該当することとなつたときは、当該信用格付業者に対して、当該役員の解任を命ずることができる。

　法29条の4第1項2号にヘ・ト（登録拒否事由に該当することを避けるための廃業等を行った法人の役員ないし個人が役員である法人について金融商品取引業の登録拒否事由とするもの）を新設することに伴い、新設したものを信用格付業者に対する監督上の処分の発動事由に追加することとしている。

第4章　金融商品取引業協会

第1節　認可金融商品取引業協会

第1款　設立及び業務

第67条の4（認可申請書の審査）
第2項

改　正　後	改　正　前
2　内閣総理大臣は、前項の規定により審査した結果、その申請が同項の基準に適合していると認めるときは、次の各号のいずれかに該当する場合を除いて、設立の認可をしなければならない。 一　（略） 二　役員のうちに第29条の4第1項第2号イから<u>リ</u>までのいずれかに該当する者があるとき。 三　（略）	2　内閣総理大臣は、前項の規定により審査した結果、その申請が同項の基準に適合していると認めるときは、次の各号のいずれかに該当する場合を除いて、設立の認可をしなければならない。 一　（略） 二　役員のうちに第29条の4第1項第2号イから<u>ト</u>までのいずれかに該当する者があるとき。 三　（略）

　法29条の4第1項2号にヘ・ト（登録拒否事由に該当することを避けるための廃業等を行った法人の役員ないし個人が役員である法人について金融商品取引業の登録拒否事由とするもの）を新設することに伴い、新設したものを認可金融商品取引業協会の認可の拒否事由に追加することとしている。

第67条の18（認可協会への報告）

改　正　後	改　正　前
第67条の18　協会員（第1号から第3号までに掲げる場合にあつては、店頭売買有価証券市場を開設する認可協会の協会員に限る。）は、次の各号に掲げる場合において当該各号に定める事	第67条の18　協会員（第1号から第3号までに掲げる場合にあつては、店頭売買有価証券市場を開設する認可協会の協会員に限る。）は、次の各号に掲げる場合において当該各号に定める事

項を、内閣府令で定めるところにより、その所属する認可協会に報告しなければならない。 一～三　（略） 四　自己の計算において行う取扱有価証券（当該認可協会がその規則において、売買その他の取引の勧誘を行うことを禁じていない株券、新株予約権付社債券その他内閣府令で定める有価証券（金融商品取引所に上場されている有価証券、<u>店頭売買有価証券及び当該規則において流通性が制限されていると認められる有価証券として内閣総理大臣が定めるもの</u>を除く。）をいう。以下同じ。）の売買又は媒介、取次ぎ若しくは代理を行う取扱有価証券の売買が成立した場合　当該売買に係る有価証券の種類、銘柄、価格、数量その他内閣府令で定める事項 五～八　（略）	項を、内閣府令で定めるところにより、その所属する認可協会に報告しなければならない。 一～三　（略） 四　自己の計算において行う取扱有価証券（当該認可協会がその規則において、売買その他の取引の勧誘を行うことを禁じていない株券、新株予約権付社債券その他内閣府令で定める有価証券（金融商品取引所に上場されている有価証券<u>及び店頭売買有価証券を除く。）をいう。以下同じ。）</u>の売買又は媒介、取次ぎ若しくは代理を行う取扱有価証券の売買が成立した場合　当該売買に係る有価証券の種類、銘柄、価格、数量その他内閣府令で定める事項 五～八　（略）

　WG報告書においては「地域に根差した企業等の資金調達を支援する観点から、非上場株式の取引ニーズ・換金ニーズに応える場としての、新たな取引制度を構築することが望まれる。その際、新たな非上場株式の取引制度においては、市場のような高度の流通性を持たせない仕組みを設けることにより、高度の流通性を付与することに伴って必要となる開示義務等の発行者に対する負担を、極力軽減することが適当である」と提言されており、当該提言を踏まえ、日本証券業協会において、証券会社が非上場株式の銘柄ごとに「投資グループ」を組成し、当該グループのメンバーのみへの投資勧誘を認める制度の創設に向けた検討が進められているところである。これを受けて、改正法では、非上場の有価証券に係る不公正取引規制等の見直しを行った。

　現行の法の下では、店頭売買有価証券を除く非上場の有価証券について

は、取扱有価証券であればインサイダー取引規制及び相場操縦等規制の適用対象とされ、取扱有価証券以外であればインサイダー取引規制及び相場操縦等規制の適用対象外とされている。

　これは、取扱有価証券が、法67条の18第4号において「認可協会がその規則において、売買その他の取引の勧誘を行うことを禁じていない株券、新株予約権付社債券その他内閣府令で定める有価証券（金融商品取引所に上場されている有価証券及び店頭売買有価証券を除く。）」と定義されているため、証券会社が売買その他の取引の勧誘を行うことが可能であり、一般投資家に広く流通する可能性が想定されるからである。

　しかしながら、「認可協会がその規則において、売買その他の取引の勧誘を行うことを禁じていない」非上場の有価証券であっても、認可協会の規則により流通性が限定されていると認められる有価証券については、一般投資家に流通する可能性は限定的と考えられるため、インサイダー取引規制及び相場操縦等規制の適用対象外とすることが適当と考えられる。

　そこで、改正法では、認可協会の「規則において流通性が制限されていると認められる有価証券として内閣総理大臣が定めるもの」を取扱有価証券から除くこととしている。したがって、今後、日本証券業協会によって創設される新たな非上場株式の取引制度において取引される有価証券が、当該協会の規則によって流通性が制限されていると認められる有価証券として内閣総理大臣の指定を受ければ、当該有価証券は取扱有価証券に該当しないこととなり、インサイダー取引規制及び相場操縦等規制の適用が除外されることとなる。

第3款　管理

第69条（役員の選任及びその職務権限）

第5項

改　正　後	改　正　前
5　役員が第29条の4第1項第2号イからリまでのいずれかに該当することとなつたときは、その職を失う。	5　役員が第29条の4第1項第2号イからトまでのいずれかに該当することとなつたときは、その職を失う。

法29条の4第1項2号にヘ・ト（登録拒否事由に該当することを避けるための廃業等を行った法人の役員ないし個人が役員である法人について金融商品取引業の登録拒否事由とするもの）を新設することに伴い、新設したものを認可金融商品取引業協会の役員の失職事由に追加することとしている。

第4章の2　投資者保護基金

第3節　設立

第79条の31（認可審査基準）

第1項

改　正　後	改　正　前
第79条の31　内閣総理大臣及び財務大臣は、前条第1項の規定による認可の申請があつた場合においては、その申請が次に掲げる基準に適合するかどうかを審査しなければならない。 一・二　（略） 三　役員のうちに第29条の4第1項第2号イから<u>リ</u>までのいずれかに該当する者がいないこと。 四～六　（略）	第79条の31　内閣総理大臣及び財務大臣は、前条第1項の規定による認可の申請があつた場合においては、その申請が次に掲げる基準に適合するかどうかを審査しなければならない。 一・二　（略） 三　役員のうちに第29条の4第1項第2号イから<u>ト</u>までのいずれかに該当する者がいないこと。 四～六　（略）

　法29条の4第1項2号にヘ・ト（登録拒否事由に該当することを避けるための廃業等を行った法人の役員ないし個人が役員である法人について金融商品取引業の登録拒否事由とするもの）を新設することに伴い、新設したものを投資者保護基金の認可審査基準に追加することとしている。

第4節　管理

第79条の36（役員の権限）

第5項

改　正　後	改　正　前
5　役員が第29条の4第1項第2号イから<u>リ</u>までのいずれかに該当することとなつたときは、その職を失う。	5　役員が第29条の4第1項第2号イから<u>ト</u>までのいずれかに該当することとなつたときは、その職を失う。

法29条の4第1項2号にヘ・ト（登録拒否事由に該当することを避けるための廃業等を行った法人の役員ないし個人が役員である法人について金融商品取引業の登録拒否事由とするもの）を新設することに伴い、新設したものを投資者保護基金の役員の失職事由に追加することとしている。

第5章　金融商品取引所

第1節　総則

第82条（免許審査基準）
第2項

改正後	改正前
2　内閣総理大臣は、前項の規定により審査した結果、その申請が同項の基準に適合していると認めたときは、次の各号のいずれかに該当する場合を除いて、その免許を与えなければならない。 一・二　（略） 三　免許申請者の役員のうちに次のイからへまでのいずれかに該当する者があるとき。 　イ　第29条の4第1項第2号イからリまでに掲げる者 　ロ～ヘ　（略） 四　（略）	2　内閣総理大臣は、前項の規定により審査した結果、その申請が同項の基準に適合していると認めたときは、次の各号のいずれかに該当する場合を除いて、その免許を与えなければならない。 一・二　（略） 三　免許申請者の役員のうちに次のイからへまでのいずれかに該当する者があるとき。 　イ　第29条の4第1項第2号イからトまでに掲げる者 　ロ～ヘ　（略） 四　（略）

　法29条の4第1項2号にヘ・ト（登録拒否事由に該当することを避けるための廃業等を行った法人の役員ないし個人が役員である法人について金融商品取引業の登録拒否事由とするもの）を新設することに伴い、新設したものを金融商品取引所の免許審査基準に追加することとしている。

第87条の2（業務の範囲）
第1項

改正後	改正前
第87条の2　金融商品取引所は、取引所金融商品市場の開設及びこれに附帯する業務のほか、他の業務を行うこと	第87条の2　金融商品取引所は、取引所金融商品市場の開設及びこれに附帯する業務のほか、他の業務を行うこと

ができない。ただし、内閣府令で定めるところにより内閣総理大臣の認可を受けた場合には、<u>金融商品の取引（取引所金融商品市場における取引を除く。）の当事者を識別するための番号を指定する業務、</u>算定割当量（地球温暖化対策の推進に関する法律（平成10年法律第117号）第2条第6項に規定する算定割当量をいう。）に係る取引を行う市場の開設の業務、商品先物取引をするために必要な市場の開設の業務（株式会社金融商品取引所が行う場合に限る。）その他金融商品の取引に類似するものとして内閣府令で定める取引を行う市場の開設の業務及びこれらに附帯する業務を行うことができる。	ができない。ただし、内閣府令で定めるところにより内閣総理大臣の認可を受けた場合には、算定割当量（地球温暖化対策の推進に関する法律（平成10年法律第117号）第2条第6項に規定する算定割当量をいう。）に係る取引を行う市場の開設の業務、商品先物取引をするために必要な市場の開設の業務（株式会社金融商品取引所が行う場合に限る。）その他金融商品の取引に類似するものとして内閣府令で定める取引を行う市場の開設の業務及びこれらに附帯する業務を行うことができる。

　金融商品取引所は内閣総理大臣の認可を受けて、金融商品の取引（取引所金融商品市場における取引を除く）の当事者を識別するための番号を指定する業務を行えることとするものである。
　金融危機後、店頭デリバティブ取引を行う金融取引主体に付番し、個別のエクスポージャーを集計すること等を通じて、金融取引の実態を効率的・効果的に把握するため、世界共通の識別方式による取引主体識別子（LEI: Legal Entity Identifier）について、国際的な検討が進められており、諸外国では既に取引所が付番業務を行っている実例がある。
　こうした国際的な動向を踏まえ、我が国においても、取引所が付番機関の有力候補となることが想定されるが、金商法上、取引所には業務範囲規制があり、現行の規定では、取引所は付番業務を行うことはできないと解される。
　このため、取引所の業務範囲を拡大し、付番業務を取引所の認可業務として追加することとする。
　なお、認可業務として認める付番業務の対象を、店頭デリバティブ取引の当事者に限定せずに、金融商品の取引の当事者としている理由は、LEI

の活用範囲が、今後店頭デリバティブ取引以外の取引に拡大した場合にも、取引所がこれらの取引の当事者に対して付番業務を行えるようにするためである。

また、取引所金融商品市場における取引を除いた金融商品の取引の当事者を対象としている理由は、現在取引所において取引所市場参加者に対して行っている付番業務(注)を、今般追加する認可業務から除外するためである。

(注) 取引所では、取引所参加者に対し、証券会社等標準コードを付番する業務を従前より行っている。当該業務は、市場取引において取引相手方を識別することを可能にするものとして、売買や決済等の市場運営業務の不可欠な構成要素であることから、現行規定の「取引所金融商品市場の開設」業務に含まれている。

第2節　金融商品会員制法人及び自主規制法人並びに取引所金融商品市場を開設する株式会社

第1款　金融商品会員制法人

第98条（役員の選任等）

第4項

改　正　後	改　正　前
4　第29条の4第1項第2号イからリまで又は会社法第331条第1項第3号のいずれかに該当する者は、役員となることができない。	4　第29条の4第1項第2号イからトまで又は会社法第331条第1項第3号のいずれかに該当する者は、役員となることができない。

　法29条の4第1項2号にヘ・ト（登録拒否事由に該当することを避けるための廃業等を行った法人の役員ないし個人が役員である法人について金融商品取引業の登録拒否事由とするもの）を新設することに伴い、新設したものを金融商品会員制法人の役員の欠格事由に追加することとしている。

第101条の18（認可基準）
第2項

改　正　後	改　正　前
2　内閣総理大臣は、前項の規定により審査した結果、その申請が同項の基準に適合していると認めたときは、次の各号のいずれかに該当する場合を除いて、組織変更を認可しなければならない。 一　組織変更後株式会社金融商品取引所の役員のうちに第29条の4第1項第2号イから<u>リ</u>まで又は会社法第331条第1項第3号のいずれかに該当する者があるとき。 二　（略）	2　内閣総理大臣は、前項の規定により審査した結果、その申請が同項の基準に適合していると認めたときは、次の各号のいずれかに該当する場合を除いて、組織変更を認可しなければならない。 一　組織変更後株式会社金融商品取引所の役員のうちに第29条の4第1項第2号イから<u>ト</u>まで又は会社法第331条第1項第3号のいずれかに該当する者があるとき。 二　（略）

　法29条の4第1項2号にヘ・ト（登録拒否事由に該当することを避けるための廃業等を行った法人の役員ないし個人が役員である法人について金融商品取引業の登録拒否事由とするもの）を新設することに伴い、新設したものを株式会社金融商品取引所の組織変更の認可基準に追加することとしている。

第1款の2　自主規制法人

第102条の23（役員の選任等）
第4項

改　正　後	改　正　前
4　第29条の4第1項第2号イから<u>リ</u>まで又は会社法第331条第1項第3号のいずれかに該当する者は、役員となることができない。	4　第29条の4第1項第2号イから<u>ト</u>まで又は会社法第331条第1項第3号のいずれかに該当する者は、役員となることができない。

　法29条の4第1項2号にヘ・ト（登録拒否事由に該当することを避けるための廃業等を行った法人の役員ないし個人が役員である法人について金融商品

取引業の登録拒否事由とするもの)を新設することに伴い、新設したものを自主規制法人の役員の欠格事由に追加することとしている。

第3節　取引所金融商品市場における有価証券の売買等

第112条(会員金融商品取引所の取引参加者)

第2項

改　正　後	改　正　前
2　前項に定めるもののほか、会員金融商品取引所は、定款の定めるところにより、当該会員金融商品取引所の開設する取引所金融商品市場において商品関連市場デリバティブ取引のみを行うための取引資格を与えることができる。この場合において、個人、<u>第29条の4第1項第1号イからハまでのいずれかに該当する者又はその役員のうちに同項第2号イからリまでのいずれかに該当する者のある法人に対しては、取引資格を与えてはならない。</u>	2　前項に定めるもののほか、会員金融商品取引所は、定款の定めるところにより、当該会員金融商品取引所の開設する取引所金融商品市場において商品関連市場デリバティブ取引のみを行うための取引資格を与えることができる。この場合において、個人、<u>第29条の4第1項第1号イ若しくはロに該当する者又はその役員のうちに同項第2号イからトまでのいずれかに該当する者のある法人に対しては、取引資格を与えてはならない。</u>

　法29条の4第1項1号にロ(登録拒否事由に該当することを避けるための廃業等を行った者について金融商品取引業の登録拒否事由とするもの)を新設し、2号にヘ・ト(登録拒否事由に該当することを避けるための廃業等を行った法人の役員ないし個人が役員である法人について金融商品取引業の登録拒否事由とするもの)を新設することに伴い、新設したものを会員金融商品取引所の取引参加者の欠格事由に追加することとしている。

第113条（株式会社金融商品取引所の取引参加者）
第2項

改　正　後	改　正　前
2　前項に定めるもののほか、株式会社金融商品取引所は、業務規程の定めるところにより、当該株式会社金融商品取引所の開設する取引所金融商品市場において商品関連市場デリバティブ取引のみを行うための取引資格を与えることができる。この場合において、個人、<u>第29条の4第1項第1号イからハまで</u>のいずれかに該当する者又はその役員のうちに同項第2号イから<u>リ</u>までのいずれかに該当する者のある法人に対しては、取引資格を与えてはならない。	2　前項に定めるもののほか、株式会社金融商品取引所は、業務規程の定めるところにより、当該株式会社金融商品取引所の開設する取引所金融商品市場において商品関連市場デリバティブ取引のみを行うための取引資格を与えることができる。この場合において、個人、<u>第29条の4第1項第1号イ若しくはロ</u>に該当する者又はその役員のうちに同項第2号イから<u>トまで</u>のいずれかに該当する者のある法人に対しては、取引資格を与えてはならない。

　法29条の4第1項1号にロ（登録拒否事由に該当することを避けるための廃業等を行った者について金融商品取引業の登録拒否事由とするもの）を新設し、2号にヘ・ト（登録拒否事由に該当することを避けるための廃業等を行った法人の役員ないし個人が役員である法人について金融商品取引業の登録拒否事由とするもの）を新設することに伴い、新設したものを株式会社金融商品取引所の取引参加者の欠格事由に追加することとしている。

第4節　金融商品取引所の解散等

第2款　合併

第141条（認可基準）
第2項

改　正　後	改　正　前
2　内閣総理大臣は、前項の規定により	2　内閣総理大臣は、前項の規定により

審査した結果、その申請が同項の基準に適合していると認めたときは、次の各号のいずれかに該当する場合を除いて、合併を認可しなければならない。 一　役員のうちに第29条の4第1項第2号イから<u>リ</u>まで又は会社法第331条第1項第3号のいずれかに該当する者があるとき。 二　（略）	審査した結果、その申請が同項の基準に適合していると認めたときは、次の各号のいずれかに該当する場合を除いて、合併を認可しなければならない。 一　役員のうちに第29条の4第1項第2号イから<u>ト</u>まで又は会社法第331条第1項第3号のいずれかに該当する者があるとき。 二　（略）

　法29条の4第1項2号にヘ・ト（登録拒否事由に該当することを避けるための廃業等を行った法人の役員ないし個人が役員である法人について金融商品取引業の登録拒否事由とするもの）を新設することに伴い、新設したものを金融商品取引所の合併の認可基準に追加することとしている。

第5章の4　証券金融会社

第156条の25（免許審査基準）
第2項

改　　正　　後	改　　正　　前
2　内閣総理大臣は、前項の規定により審査した結果、その申請が同項の基準に適合していると認めたときは、次の各号のいずれかに該当する場合を除いて、その免許を与えなければならない。 一・二　（略） 三　免許申請者が<u>第29条の4第1項第1号ハ</u>に該当する者であるとき。 四～六　（略）	2　内閣総理大臣は、前項の規定により審査した結果、その申請が同項の基準に適合していると認めたときは、次の各号のいずれかに該当する場合を除いて、その免許を与えなければならない。 一・二　（略） 三　免許申請者が<u>第29条の4第1項第1号ロ</u>に該当する者であるとき。 四～六　（略）

　法29条の4第1項1号にロ（登録拒否事由に該当することを避けるための廃業等を行った者について金融商品取引業の登録拒否事由とするもの）を新設することに伴い、新設したものを証券金融会社の免許審査基準に追加することとしている。

第5章の7　特定金融指標算出者 新設

　特定金融指標に係る規制として、第5章の7「特定金融指標算出者」を設け、法156条の85から156条の92として規定を新設するものである。

第156条の85（特定金融指標算出者の指定）
第1項 新設

改　正　後
第156条の85　内閣総理大臣は、特定金融指標算出業務（特定金融指標の算出及び公表を行う業務をいう。以下同じ。）を行う者の特定金融指標算出業務の適正な遂行を確保することが公益又は投資者保護のため必要であると認められるときは、当該者を特定金融指標算出者として指定することができる。

　本規制の趣旨は、金融取引の基礎として広範に利用されている金融指標が不適切に算出及び公表されると、我が国経済・社会に広く悪影響を及ぼすことから、このような金融指標に限り、その算出及び公表を規制することにより、当該金融指標の信頼性を確保することにある。

　かかる趣旨から、内閣総理大臣は、特定金融指標算出業務を行う者の特定金融指標算出業務の適正な遂行を確保することが公益又は投資者保護のため必要であると認められるときは、当該者を本規制の対象者である特定金融指標算出者として指定することができる旨を定めている。

第2項 新設

改　正　後
2　内閣総理大臣は、前項の規定による指定（以下この章において単に「指定」という。）をしたときは、書面により、その旨及び指定に係る特定金融指標の名称を特定金融指標算出者に通知しなければならない。

　1項の規定による指定をしたときは、書面により、指定をした旨及び指定に係る特定金融指標の名称を通知しなければならない旨を定めている。

第3項 新設

改　正　後
3　内閣総理大臣は、指定をしたときは、特定金融指標算出者の商号、名称又は氏名及び本店又は主たる営業所若しくは事務所（外国の者にあつては、国内に営業所又は事務所があるときは、国内における主たる営業所又は事務所を含む。次条第1項第4号において同じ。）の所在地並びに指定に係る特定金融指標の名称を官報で公示しなければならない。これらの事項に変更があつたときも、同様とする。

1項の規定による指定をしたときは、内閣総理大臣は、
・特定金融指標算出者の商号、名称又は氏名
・特定金融指標算出者の本店又は主たる営業所若しくは事務所等の所在地
・指定に係る特定金融指標の名称
を官報で公示しなければならないこと、また、上記事項に変更があったときも官報で公示しなければならないことを定めている。

　公示が行われることにより、指定に係る特定金融指標との関係で、その算出者である特定金融指標算出者が規制対象とされることが対外的に明らかになる。

　また、これによって、情報提供者に対し、新設する法38条7号及び66条の14第1号ハの禁止行為の対象となる特定金融指標算出者及び特定金融指標が示されることになる。

第4項 新設

改　正　後
4　内閣総理大臣は、特定金融指標算出者について指定の理由が消滅したと認めるときは、当該指定を取り消すとともに、書面により、その旨を当該特定金融指標算出者に通知しなければならない。

　内閣総理大臣は、1項の規定による指定の理由が消滅したと認めるときは、当該指定を取り消すとともに、書面により、その旨を特定金融指標算

出者に通知しなければならないことを定めている。

「指定の理由が消滅したと認めるとき」とは、指定の前提となる金融指標が特定金融指標の要件（改正法による改正後の法2条40項）を満たさなくなった場合や、特定金融指標算出者が特定金融指標算出業務を廃止した場合（改正法による改正後の法156条の88参照）等が考えられる。

第5項 新設

改　正　後
5　内閣総理大臣は、前項の規定により指定を取り消したときは、その旨を官報で公示しなければならない。

内閣総理大臣は、4項の規定により指定を取り消したときは、その旨を官報で公示しなければならないことを定めている。

第6項 新設

改　正　後
6　特定金融指標算出業務を行う者が特定金融指標算出業務について外国の法令に基づいて外国の行政機関その他これに準ずるものの適切な監督を受けていると認められる者として内閣府令で定める者である場合には、第1項の規定にかかわらず、内閣総理大臣は、指定をしないものとする。

特定金融指標算出業務を行う者が、特定金融指標算出業務について外国の法令に基づいて外国の行政機関その他これに準ずるものの適切な監督を受けていると認められる者として内閣府令で定める者である場合には、当該特定金融指標算出業務の適正な遂行が確保されていると考えられることから、本規制を適用する必要性は乏しい。本項では、このような場合には、1項の規定による指定をしないことを定めている。

第156条の86（書類の届出）
第1項 新設

改　正　後
第156条の86　特定金融指標算出者は、指定を受けた日から政令で定める期間内に、次に掲げる事項を記載した書類を内閣総理大臣に届け出なければならない。ただし、特定金融指標算出者が当該期間内に指定に係る特定金融指標算出業務を廃止した場合は、この限りでない。 　一　商号、名称又は氏名 　二　法人であるときは、資本金の額又は出資の総額 　三　法人であるときは、役員の氏名又は名称 　四　本店又は主たる営業所若しくは事務所の名称及び所在地 　五　その他内閣府令で定める事項

　特定金融指標算出者に対して適切な監督を行うことができるよう、特定金融指標算出者自身に係る情報の届出を求めている。

　届出の期限は政令で定めることとしており、当該情報を届け出るために必要かつ合理的な期間を定める予定である。

　なお、特定金融指標算出者が上記期限内に指定に係る特定金融指標算出業務を廃止した場合には上記の届出は不要となるため、本項ただし書はその旨を定めている。

第2項 新設

改　正　後
2　前項の書類には、定款、登記事項証明書その他の内閣府令で定める書類を添付しなければならない。

　1項の書類には、定款、登記事項証明書その他の内閣府令で定める書類を添付しなければならないことを定めている。

第 3 項 新設

改　正　後
3　前項の場合において、定款が電磁的記録で作成されているときは、書類に代えて電磁的記録（内閣府令で定めるものに限る。）を添付することができる。

　2項の添付書類のうち定款につき、電磁的記録（内閣府令で定めるものに限る）での提出を認めている。

第 4 項 新設

改　正　後
4　特定金融指標算出者は、第1項各号に掲げる事項について変更があつたときは、内閣府令で定めるところにより、その旨を内閣総理大臣に届け出なければならない。

　特定金融指標算出者は、1項各号に掲げる事項について変更があったときは、その旨を内閣総理大臣に届け出なければならないことを定めている。

第156条の87（業務規程）

　本条は、特定金融指標算出業務の適正な遂行を確保するため、特定金融指標算出者に対し、業務規程を定め、内閣総理大臣の認可を受けるとともに、業務規程の定めるところにより特定金融指標算出業務を行わなければならないことを定めるものである。

　これは、特定金融指標の適切な算出・公表を確保するとともに、民間の主体性を尊重し、画一的な規制となることを回避するためには、特定金融指標算出者の遵守事項を定めた業務規程を特定金融指標算出者自身に作成させた上で、当該業務規程に従って特定金融指標算出業務を行わせることが適当であるとの考えに基づいている。

第1項 新設

改　正　後
<u>第156条の87　特定金融指標算出者は、内閣府令で定めるところにより、特定金融指標算出業務に関する業務規程を定め、指定を受けた日から政令で定める期間内に内閣総理大臣の認可を受けなければならない。</u>

　特定金融指標算出業務に関する業務規程を定め、法156条の85第1項の指定を受けた日から政令で定める期間内に内閣総理大臣の認可を受けることを義務付けている。

第2項 新設

改　正　後
<u>2　前項の業務規程は、次に掲げる事項その他の内閣府令で定める事項を内容とするものでなければならない。</u> <u>一　特定金融指標の算出及び公表に係る方針及び方法に関する事項</u> <u>二　特定金融指標算出業務を適正に遂行するための業務管理体制に関する事項</u> <u>三　特定金融指標算出者に対して算出基礎情報（第38条第7号に規定する算出基礎情報をいう。第156条の89第2項において同じ。）を提供する者（次号及び同項において「情報提供者」という。）が遵守すべき事項（同号において「行動規範」という。）</u> <u>四　情報提供者との間の契約（行動規範に係るものを含む。）の締結に関する事項</u> <u>五　特定金融指標算出業務の委託に関する事項</u> <u>六　特定金融指標算出業務に係る監査に関する事項</u> <u>七　特定金融指標算出業務に係る説明書類の公衆縦覧に関する事項</u> <u>八　特定金融指標算出業務の休止又は廃止に関する事項</u>

　特定金融指標算出業務の適正な遂行を確保するため、業務規程の内容として定めることが必要な事項（必要的記載事項）について定めている。

　本項各号は、特定金融指標算出業務の適正な遂行を確保するために、特定金融指標算出者において検討され、業務規程に記載されることが必要な事項を例示的に列挙している。これらを踏まえて、内閣府令において、具体的な必要的記載事項を定める予定である。

なお、本規制は、IOSCO が平成 25 年 7 月 17 日に公表した「金融指標に関する原則の最終報告書」において示された IOSCO の原則を踏まえて導入されるものであり、内閣府令で定める業務規程の必要的記載事項は、IOSCO 原則に沿って策定することを予定している。

(1) 第 1 号

必要的記載事項として、特定金融指標の算出及び公表に係る方針及び方法に関する事項を定めている。例えば、特定金融指標を算出する具体的な手続や、特定金融指標の公表時の手続に関する事項を含めることが考えられる。

(2) 第 2 号

必要的記載事項として、特定金融指標算出業務を適正に遂行するための業務管理体制に関する事項を定めている。例えば、特定金融指標の利用者からの独立性の確保や、利益相反の回避に関する事項を含めることが考えられる。

(3) 第 3 号・第 4 号

特定金融指標の信頼性は、情報提供者が提供する算出基礎情報（特定金融指標の算出の基礎として特定金融指標算出者に対して提供される価格、指標、数値その他の情報をいう）に左右されるため、情報提供者に対しても何らかの規律を設けることが適当である。一方で、規律を設けるに当たっては、算出基礎情報の提供を行う情報提供者のインセンティブを過度に低下させないよう留意する必要がある。

こうした観点から、特定金融指標算出者に対して、情報提供者との間で情報提供者が遵守すべき事項である「行動規範」を内容とする契約を締結することを求め、かつ、情報提供者をして当該行動規範を遵守させることを求めることにより、間接的な規律付けを図ることが適当と考えられる。

以上を踏まえ、3 号及び 4 号において、業務規程の必要的記載事項として、行動規範及び情報提供者との間の契約（行動規範に係るものを含む）の

締結に関する事項を掲げることとしている。

(4) 第5号

必要的記載事項として、特定金融指標算出業務の委託に関する事項を定めている。例えば、委託を行う際の手続に関する事項を含めることが考えられる。

(5) 第6号

必要的記載事項として、特定金融指標算出業務に係る監査に関する事項を定めている。

(6) 第7号

必要的記載事項として、特定金融指標算出業務に係る説明書類の公衆縦覧に関する事項を定めている。

(7) 第8号

必要的記載事項として、特定金融指標算出業務の休止又は廃止に関する事項を定めている。

第3項 新設

改　正　後
3　特定金融指標算出者は、業務規程を変更しようとするときは、内閣総理大臣の認可を受けなければならない。

特定金融指標算出者は、業務規程を変更しようとするときは、内閣総理大臣の認可を受けなければならない旨を定めている。

第 4 項 新設

改　正　後
<u>4　特定金融指標算出者は、業務規程について第1項又は前項の認可を受けた後は、業務規程の定めるところにより特定金融指標算出業務を行わなければならない。</u>

　特定金融指標算出者は、業務規程について1項又は3項の認可を受けた後は、内閣総理大臣の認可を受けた業務規程の定めるところにより特定金融指標算出業務を行わなければならない旨を定めている。
　「業務規程について第1項又は前項の認可を受けた後」と規定されているとおり、業務規程に従うべき義務は、業務規程の認可を受けた後から発生することになる。これは、特定金融指標算出業務を行う者が、法156条の85第1項の規定により特定金融指標算出者として指定された時点では、内閣総理大臣の認可を受けることのできる業務規程を定めているものとは限らないことから、業務規程を定め、認可を受けるまで相応の準備期間を設ける必要があると考えられるためである。

第 156 条の 88（休廃止の届出） 新設

改　正　後
<u>第 156 条の 88　特定金融指標算出者は、特定金融指標算出業務の休止又は廃止をしようとするときは、内閣府令で定めるところにより、あらかじめ、その旨を内閣総理大臣に届け出なければならない。</u>

　特定金融指標算出業務の休止又は廃止は、特定金融指標算出業務を行う者の意思に委ねられるものである。
　他方で、特定金融指標算出者が特定金融指標算出業務を休止又は廃止する場合には、もはや指定の理由が消滅するものと考えられることから、このような場合、内閣総理大臣は特定金融指標算出者に対する指定を取り消さなければならない（法156条の85第4項）。このため、特定金融指標算出者が特定金融指標算出業務の休止又は廃止をしようとする場合、内閣総

理大臣は、適切に対応するため、あらかじめその事実を把握しておく必要がある。

　以上の理由から、本条では、特定金融指標算出者が特定金融指標算出業務を休止又は廃止しようとするときは、内閣府令で定めるところにより、あらかじめ、その旨を内閣総理大臣に届け出なければならないことを定めている。

第 156 条の 89（報告の徴取及び検査）

　本条は、特定金融指標算出者による特定金融指標算出業務の遂行の状況を把握するための手段として、特定金融指標算出者、特定金融指標算出者から特定金融指標算出業務の委託を受けた者（業務受託者）及び情報提供者に対する報告徴取及び検査に関する内閣総理大臣の権限を定めるものである。

第 1 項　新設

改　正　後
第 156 条の 89　内閣総理大臣は、公益又は投資者保護のため必要かつ適当であると認めるときは、特定金融指標算出者若しくは当該特定金融指標算出者から特定金融指標算出業務の委託を受けた者（その者から委託（2 以上の段階にわたる委託を含む。）を受けた者を含む。以下この項において同じ。）に対し、当該特定金融指標算出業務に関し参考となるべき報告若しくは資料の提出を命じ、又は当該職員に当該特定金融指標算出者若しくは当該特定金融指標算出者から特定金融指標算出業務の委託を受けた者の業務の状況若しくは帳簿書類その他の物件の検査（当該特定金融指標算出業務に関し必要な検査に限る。）をさせることができる。

　内閣総理大臣は、公益又は投資者保護のため必要かつ適当であると認めるときは、特定金融指標算出者又は業務受託者に対し、特定金融指標算出業務に関し参考となるべき報告又は資料の提出を命じることができる旨を規定している。

　併せて、内閣総理大臣は、公益又は投資者保護のため必要かつ適当であると認めるときは、特定金融指標算出業務に関し必要な検査に限り、当該

職員に特定金融指標算出者又は業務受託者の業務の状況又は帳簿書類その他の物件の検査をさせることができる旨を規定している。

第2項 新設

改　正　後
2　内閣総理大臣は、公益又は投資者保護のため必要かつ適当であると認めるときは、特定金融指標算出者に対して提供された算出基礎情報の正確性の確認に必要と認められる限りにおいて、その情報提供者に対し、当該算出基礎情報に関し参考となるべき報告若しくは資料の提出を命じ、又は当該職員に当該情報提供者の業務の状況若しくは帳簿書類その他の物件の検査をさせることができる。

　特定金融指標の信頼性は、情報提供者が提供する算出基礎情報に左右されるため、情報提供者に対しても何らかの規律を設けることが必要である。こうした観点から、法156条の87では業務規程を通じて、特定金融指標算出者に対して、情報提供者との間で「行動規範」（同条2項3号参照）を内容とする契約を締結することを求め、かつ、情報提供者をして当該行動規範を遵守させることを求めることにより、間接的な規律付けを図っている。当局がかかる義務の履行状況を把握するためには、特定金融指標算出者に対する検査権限のみならず、情報提供者に対する検査権限を設ける必要があると考えられる。

　以上を踏まえ、本項では、内閣総理大臣は、公益又は投資者保護のため必要かつ適当であると認めるときは、特定金融指標算出者に対して提供された算出基礎情報の正確性の確認に必要と認められる限りにおいて、その情報提供者に対し、当該算出基礎情報に関し参考となるべき報告若しくは資料の提出を命じ、又は、当該職員に当該情報提供者の業務の状況若しくは帳簿書類等の検査をさせることができる旨を規定している。

第 156 条の 90（改善命令等）
第 1 項 新設

改　正　後
<u>第 156 条の 90　内閣総理大臣は、特定金融指標算出業務の運営に関し改善が必要であると認めるときは、その必要の限度において、特定金融指標算出者に対し、その改善に必要な措置をとるべきことを命ずることができる。</u>

　内閣総理大臣は、特定金融指標算出業務に関し改善が必要と認めるときは、その必要の限度において、特定金融指標算出者に対し、その改善に必要な措置をとるべきことを命ずることができることを定めている。

第 2 項 新設

改　正　後
<u>2　内閣総理大臣は、特定金融指標算出者が特定金融指標算出業務に関し法令又は法令に基づく処分に違反したときは、当該特定金融指標算出者に対し、6 月以内の期間を定めてその業務の全部又は一部の停止を命ずることができる。</u>

　内閣総理大臣は、特定金融指標算出者が特定金融指標算出業務に関し法令違反等をしたときは、当該特定金融指標算出者に対し、6 月以内の期間を定めてその業務の全部又は一部の停止を命ずることができる旨を定めている。

第 3 項 新設

改　正　後
<u>3　内閣総理大臣は、前項の規定により業務の全部又は一部の停止を命じたときは、その旨を官報で公示しなければならない。</u>

　内閣総理大臣は、2 項の規定により業務の全部又は一部の停止を命じたときは、その旨を公告しなければならないことを定めている。

第4項 新設

改　正　後
4　内閣総理大臣は、第１項又は第２項の規定に基づいて処分をしようとするときは、行政手続法第13条第１項の規定による意見陳述のための手続の区分にかかわらず、聴聞を行わなければならない。

　当局による監督上の処分として、改善命令及び停止命令に係る規定を設けることに伴い、これらの処分を行う際に、処分の相手方に「聴聞」の機会を与えなければならない旨を定めている。

第156条の91（業務移転の勧告）　新設

改　正　後
第156条の91　内閣総理大臣は、特定金融指標算出者が特定金融指標算出業務の休止又は廃止をしようとするときその他の内閣府令で定めるときは、特定金融指標算出者に対し、当該特定金融指標算出者が行っている特定金融指標算出業務の全部又は一部を他の者に行わせるよう勧告することができる。

　本条は、内閣総理大臣は、特定金融指標算出者が特定金融指標算出業務の休止又は廃止をしようとするときその他の内閣府令で定めるときは、特定金融指標算出者に対し、当該特定金融指標算出者が行っている特定金融指標算出業務の全部又は一部を他の者に行わせるよう勧告することができる旨を定めるものである。

(1)　業務移転勧告の意義

　特定金融指標は、我が国金融取引の基礎として既に広範に利用されていることから、資本市場において重要な役割を果たしており、その信頼性が確保されている限り、継続的に算出されることは有益であると考えられる。
　このため、本条は、特定金融指標算出者が廃業しようとする場合などに、特定金融指標算出業務を他の者に移転させることを事実上慫慂する手段を確保することを目的として、特定金融指標算出者に対し、特定金融指標算

出業務の全部又は一部を他の者に行わせるよう勧告できる旨の規定を設けることとしたものである。

(2) 業務移転勧告の効果

業務移転勧告は、勧告を受けた者において、行政庁の意向を尊重することにより、自主的に勧告に沿った行動をとることを期待するものであり、あくまでも事実上の効果を目的としている。

第 156 条の 92（内閣府令への委任） 新設

改　　正　　後
第 156 条の 92　第 156 条の 85 から前条までの規定を実施するための手続その他必要な事項は、内閣府令で定める。

本条では、第 5 章の 7「特定金融指標算出者」に関する規定を実施するための手続その他必要な事項について、内閣府令に委任する旨を規定している。

第7章　雑則

第188条（金融商品取引業者の業務等に関する書類の作成、保存及び報告の義務）

改　正　後	改　正　前
第188条　金融商品取引業者等、指定親会社、金融商品仲介業者、信用格付業者、認可金融商品取引業協会、第78条第2項に規定する認定金融商品取引業協会、投資者保護基金、金融商品取引所若しくはその会員等、第85条第1項に規定する自主規制法人、金融商品取引所持株会社、外国金融商品取引所若しくはその外国金融商品取引所参加者、金融商品取引清算機関若しくはその清算参加者、外国金融商品取引清算機関若しくはその清算参加者、証券金融会社、第156条の38第1項に規定する指定紛争解決機関、取引情報蓄積機関又は特定金融指標算出者は、別にこの法律で定める場合のほか、内閣府令（投資者保護基金については、内閣府令・財務省令）で定めるところにより、帳簿、計算書、通信文、伝票その他業務に関する書類を作成し、これを保存し、又は業務に関する報告を提出しなければならない。	第188条　金融商品取引業者等、指定親会社、金融商品仲介業者、信用格付業者、認可金融商品取引業協会、第78条第2項に規定する認定金融商品取引業協会、投資者保護基金、金融商品取引所若しくはその会員等、第85条第1項に規定する自主規制法人、金融商品取引所持株会社、外国金融商品取引所若しくはその外国金融商品取引所参加者、金融商品取引清算機関若しくはその清算参加者、外国金融商品取引清算機関若しくはその清算参加者、証券金融会社、第156条の38第1項に規定する指定紛争解決機関又は取引情報蓄積機関は、別にこの法律で定める場合のほか、内閣府令（投資者保護基金については、内閣府令・財務省令）で定めるところにより、帳簿、計算書、通信文、伝票その他業務に関する書類を作成し、これを保存し、又は業務に関する報告を提出しなければならない。

　本条では、金融商品取引業者や指定親会社等に対し、業務に関する書類の作成、保存及び報告の義務を定めるものとされている。

　改正法により、特定金融指標算出者に関する規定が新設されることに伴い、特定金融指標算出者について、特定金融指標算出業務に関する書類の作成、保存及び報告の義務を追加することとしている。

第190条（検査職員の証票携帯）
第1項

改　正　後	改　正　前
第190条　第26条第1項（第27条において準用する場合を含む。）、第27条の22第1項（第27条の22の2第2項において準用する場合を含む。）若しくは第2項、第27条の30第1項、第27条の35第1項、第56条の2第1項（第65条の3第3項において準用する場合を含む。）から第4項まで、第57条の10第1項、第57条の23、第57条の26第2項、第60条の11（第60条の12第3項において準用する場合を含む。）、第63条第8項、第66条の22、第66条の45第1項、第75条、第79条の4、第79条の77、第103条の4、第106条の6第1項（同条第2項において準用する場合を含む。）、第106条の16、第106条の20第1項（同条第2項において準用する場合を含む。）、第106条の27（第109条において準用する場合を含む。）、第151条（第153条の4において準用する場合を含む。）、第155条の9、第156条の5の4、第156条の5の8、第156条の15、第156条の20の12、第156条の34、第156条の58、第156条の80、<u>第156条の89</u>、第177条第1項第3号、第185条の5又は第187条第1項第4号の規定により検査をする審判官又は職員は、その身分を示す証票を携帯し、検査の相手方に提示しなければならない。	第190条　第26条第1項（第27条において準用する場合を含む。）、第27条の22第1項（第27条の22の2第2項において準用する場合を含む。）若しくは第2項、第27条の30第1項、第27条の35第1項、第56条の2第1項（第65条の3第3項において準用する場合を含む。）から第4項まで、第57条の10第1項、第57条の23、第57条の26第2項、第60条の11（第60条の12第3項において準用する場合を含む。）、第63条第8項、第66条の22、第66条の45第1項、第75条、第79条の4、第79条の77、第103条の4、第106条の6第1項（同条第2項において準用する場合を含む。）、第106条の16、第106条の20第1項（同条第2項において準用する場合を含む。）、第106条の27（第109条において準用する場合を含む。）、第151条（第153条の4において準用する場合を含む。）、第155条の9、第156条の5の4、第156条の5の8、第156条の15、第156条の20の12、第156条の34、第156条の58、第156条の80、第177条第1項第3号、第185条の5又は第187条第1項第4号の規定により検査をする審判官又は職員は、その身分を示す証票を携帯し、検査の相手方に提示しなければならない。

　本条では、内閣総理大臣の検査権限を定める規定に基づいて検査を行う

職員に対し、身分を示す証票を携帯し、検査の相手方に提示すべき義務を定めるものとされている。

　特定金融指標算出者等に対する検査の規定（法156条の89）が新設されることに伴い、かかる検査を本条の対象に加えることとしている。

第193条の2（公認会計士又は監査法人による監査証明）
第2項

改　正　後	改　正　前
2　金融商品取引所に上場されている有価証券の発行会社その他の者で政令で定めるもの<u>（第4号において「上場会社等」という。）が、第24条の4の4</u>の規定に基づき提出する内部統制報告書には、その者と特別の利害関係のない公認会計士又は監査法人の監査証明を受けなければならない。ただし、次に掲げる場合は、この限りでない。 一　前項第1号の発行者が、外国監査法人等から内閣府令で定めるところにより監査証明に相当すると認められる証明を受けた場合 二　前号の発行者が、公認会計士法第34条の35第1項ただし書に規定する内閣府令で定める者から内閣府令で定めるところにより監査証明に相当すると認められる証明を受けた場合 三　監査証明を受けなくても公益又は投資者保護に欠けるところがないものとして内閣府令で定めるところにより内閣総理大臣の承認を受けた場合 <u>四　上場会社等（資本の額その他の経営の規模が内閣府令で定める基準に達しない上場会社等に限る。）が、</u>	2　金融商品取引所に上場されている有価証券の発行会社その他の者で政令で定めるものが、第24条の4の4の規定に基づき提出する内部統制報告書には、その者と特別の利害関係のない公認会計士又は監査法人の監査証明を受けなければならない。ただし、次に掲げる場合は、この限りでない。 一　前項第1号の発行者が、外国監査法人等から内閣府令で定めるところにより監査証明に相当すると認められる証明を受けた場合 二　前号の発行者が、公認会計士法第34条の35第1項ただし書に規定する内閣府令で定める者から内閣府令で定めるところにより監査証明に相当すると認められる証明を受けた場合 三　監査証明を受けなくても公益又は投資者保護に欠けるところがないものとして内閣府令で定めるところにより内閣総理大臣の承認を受けた場合 （新設）

第24条第1項第1号に掲げる有価証券の発行者に初めて該当することとなつた日その他の政令で定める日以後3年を経過する日までの間に内部統制報告書を提出する場合

　法193条の2第2項に、新たに4号を追加し、新規上場企業が上場後3年以内に提出する内部統制報告書に係る内部統制監査を受けることを要しない旨を規定している。

　改正法においては、新規上場企業が提出する内部統制報告書に係る内部統制監査のみを免除することとし、内部統制報告書の提出義務自体は免除されない。これは、企業が提出する開示書類に基づいて投資者による投資判断が行われ、広く一般の投資者が有価証券を売買する上場会社について、内部統制報告書は極めて重要なものと位置付けられているため、WG報告書の提言を踏まえ、内部統制報告書自体の提出は引き続き求めることとしたためである。

　なお、内部統制監査の免除対象は、「資本の額その他の経営の規模が内閣府令で定める基準に達しない上場会社等に限る」とされており、新規上場企業であっても、一定の規模を超える企業については、改正法においても、内部統制監査は免除されていない。

　新規上場企業であっても、その規模等に照らして、市場への影響や社会・経済的影響が大きいと考えられる企業については、その上場に際して多くの投資者から関心が寄せられることとなる。このような企業について、財務報告の内容に重要な誤りがあった場合には、多くの投資者が損害を被ることとなり、ひいては、資本市場全体の信頼性に悪影響を及ぼすことにもなりかねない。このため、このような企業については、内部統制が適切に機能していることを特に厳格にチェックする必要性があると考えられ、内部統制報告書に係る内部統制監査義務を免除しないこととした。

　「資本の額その他の経営の規模が内閣府令で定める基準に達しない上場会社等」については、今後、内閣府令において規定される予定であるが、

第6回WGにおいて提案されたとおり、「資本金100億円未満かつ負債総額1,000億円未満」とすることが想定されている。これは、公認会計士法に定める「大会社等」の基準と同様である。公認会計士法では、大会社等について、投資者や債権者等の保護のために監査の独立性を厳格化することが必要との観点から、有価証券報告書提出会社ではなくとも、有価証券報告書提出会社の監査と同様の厳しい監査紀律を求めており、この大会社等の基準として、「資本金100億円以上又は負債総額1,000億円以上」が規定されている。このため、新規上場企業であっても上場時に大会社等に該当している場合には、内部統制監査についても、既に上場している企業と同等の取扱いとすることとした。

　また、新規上場する企業の中には、過去に上場していた会社が何らかの理由で上場を廃止し、再上場をする場合もあるものと考えられる。このような者について本条を適用することは、「ファンドが短期間の利益を確保するために、現在上場している企業を買収し、再上場を行うことが考えられること」及び「再上場企業の中には過去に粉飾等の問題を起こした者が含まれる可能性があること」から適当ではないものと考えられる。そこで、本条が再上場企業には適用できないことを明らかにするため、政令において、「上場会社等が法24条1項1号に掲げる有価証券の発行者に初めて該当することとなった日」などを定める予定である。

　なお、改正法施行後においても、内部統制監査免除の要件を満たす新規上場企業が、上場後3年間の間に任意で内部統制監査を受け、内部統制報告書に監査証明書を添付することは妨げられていない。この場合、任意で内部統制監査を受けた年以降は、内部統制監査免除を受けられる期間内であっても継続的に内部統制監査を受けることが適当であろう。

第194条の7（金融庁長官への権限の委任）
第3項

改　正　後	改　正　前
3　金融庁長官は、政令で定めるところにより、第1項の規定により委任された権限（前項の規定により委員会に委任されたものを除く。）のうち、第26条（第27条において準用する場合を含む。）、第27条の22第1項（第27条の22の2第2項において準用する場合を含む。）、第2項及び第3項（第27条の22の2第2項において準用する場合を含む。）、第27条の30、第27条の35、第56条の2第1項（第65条の3第3項において準用する場合を含む。）から第4項まで、第57条の10第1項、第57条の23、第57条の26第2項、第60条の11（第60条の12第3項において準用する場合を含む。）、第63条第7項及び第8項、第66条の22、第66条の45第1項、第75条、第79条の4、第79条の77、第103条の4、第106条の6第1項（同条第2項において準用する場合を含む。）、第106条の16、第106条の20第1項（同条第2項において準用する場合を含む。）、第106条の27（第109条において準用する場合を含む。）、第151条（第153条の4において準用する場合を含む。）、第155条の9、第156条の5の4、第156条の5の8、第156条の15、第156条の20の12、第156条の34、第156条の58、第156条の80、<u>第156条の89</u>、第192条の2並びに第193条の2第6項の規定によるものを委員会に委任することができる。	3　金融庁長官は、政令で定めるところにより、第1項の規定により委任された権限（前項の規定により委員会に委任されたものを除く。）のうち、第26条（第27条において準用する場合を含む。）、第27条の22第1項（第27条の22の2第2項において準用する場合を含む。）、第2項及び第3項（第27条の22の2第2項において準用する場合を含む。）、第27条の30、第27条の35、第56条の2第1項（第65条の3第3項において準用する場合を含む。）から第4項まで、第57条の10第1項、第57条の23、第57条の26第2項、第60条の11（第60条の12第3項において準用する場合を含む。）、第63条第7項及び第8項、第66条の22、第66条の45第1項、第75条、第79条の4、第79条の77、第103条の4、第106条の6第1項（同条第2項において準用する場合を含む。）、第106条の16、第106条の20第1項（同条第2項において準用する場合を含む。）、第106条の27（第109条において準用する場合を含む。）、第151条（第153条の4において準用する場合を含む。）、第155条の9、第156条の5の4、第156条の5の8、第156条の15、第156条の20の12、第156条の34、第156条の58、第156条の80、第192条の2並びに第193条の2第6項の規定によるものを委員会に委任することができる。

本条では、金融庁長官の権限のうち、報告徴取・立入検査の権限については、取引の公正の確保のためのものについて証券取引等監視委員会に委任することとされており（2項）、また、それ以外のものについても政令で定めることにより委任することができる（3項）ものとされている。

　これを踏まえ、特定金融指標算出者等に対する報告徴取・検査に係る権限に関する規定（法156条の89）を新設することに伴い、当該権限についても、政令で定めることにより証券取引等監視委員会に委任することができること（3項）を定めている。

第 8 章　罰則

第 198 条

改　正　後	改　正　前
第 198 条　次の各号のいずれかに該当する者は、3 年以下の懲役若しくは 300 万円以下の罰金に処し、又はこれを併科する。 一～二の二　（略） <u>二の三　第 38 条第 7 号又は第 66 条の 14 第 1 号ハの規定に違反した者</u> <u>二の四</u>　第 42 条の 7 第 1 項の規定に違反して、報告書を交付せず、若しくは同項に規定する事項を記載しない報告書若しくは虚偽の記載をした報告書を交付した者又は同条第 2 項において準用する第 34 条の 2 第 4 項に規定する方法により当該事項を欠いた提供若しくは虚偽の事項の提供をした者 三～八　（略）	第 198 条　次の各号のいずれかに該当する者は、3 年以下の懲役若しくは 300 万円以下の罰金に処し、又はこれを併科する。 一～二の二　（略） （新設） 二の三　第 42 条の 7 第 1 項の規定に違反して、報告書を交付せず、若しくは同項に規定する事項を記載しない報告書若しくは虚偽の記載をした報告書を交付した者又は同条第 2 項において準用する第 34 条の 2 第 4 項に規定する方法により当該事項を欠いた提供若しくは虚偽の事項の提供をした者 三～八　（略）

(1)　第 2 号の 3

　改正法による改正後の法 38 条 7 号において、金融商品取引業者等が「自己又は第三者の利益を図る目的をもつて、特定金融指標算出者に対し、特定金融指標の算出に関し、正当な根拠を有しない算出基礎情報を提供する行為」を禁止する規定を新設し、また改正法による改正後の法 66 条の 14 第 1 号ハにおいて、上記と同様の規定を金融商品仲介業者に対する禁止規定として新設することに伴い、これらの規定に違反した者に対する罰則を定めている。

(2)　第 2 号の 4

　2 号の 3 を新設することに伴う形式的な改正を行っている。

第 198 条の 5

改　正　後	改　正　前
第198条の5　次の各号に掲げる違反があつた場合においては、その行為をした金融商品取引業者等、指定親会社、取引所取引許可業者、金融商品仲介業者、信用格付業者、認可金融商品取引業協会若しくは第78条第2項に規定する認定金融商品取引業協会、金融商品取引所、第85条第1項に規定する自主規制法人、金融商品取引所持株会社、外国金融商品取引所、金融商品取引清算機関、外国金融商品取引清算機関、証券金融会社、<u>取引情報蓄積機関若しくは特定金融指標算出者</u>の代表者、代理人、使用人その他の従業者又は金融商品取引業者、<u>金融商品仲介業者若しくは特定金融指標算出者</u>は、2年以下の懲役若しくは300万円以下の罰金に処し、又はこれを併科する。 一～二の二　（略） 三　第74条第1項の規定による停止、変更、禁止若しくは措置（役員の解任の命令を除く。）、第79条の6の規定による停止若しくは措置、第152条第1項（第153条の4において準用する場合を含む。）の規定による停止、変更、禁止若しくは措置、第153条の2の規定による変更、禁止若しくは措置、第155条の10第1項の規定による停止、変更若しくは禁止、第156条の17第2項若しくは第156条の20の14第2項の規定による停止、第156条の20の22の規定による停止、変更若しくは禁止<u>又は第156条の32第1項、第156条の83第1項若しくは第156条の</u>	第198条の5　次の各号に掲げる違反があつた場合においては、その行為をした金融商品取引業者等、指定親会社、取引所取引許可業者、金融商品仲介業者、信用格付業者、認可金融商品取引業協会若しくは第78条第2項に規定する認定金融商品取引業協会、金融商品取引所、第85条第1項に規定する自主規制法人、金融商品取引所持株会社、外国金融商品取引所、金融商品取引清算機関、外国金融商品取引清算機関、証券金融会社<u>若しくは取引情報蓄積機関</u>の代表者、代理人、使用人その他の従業者又は金融商品取引業者<u>若しくは金融商品仲介業者</u>は、2年以下の懲役若しくは300万円以下の罰金に処し、又はこれを併科する。 一～二の二　（略） 三　第74条第1項の規定による停止、変更、禁止若しくは措置（役員の解任の命令を除く。）、第79条の6の規定による停止若しくは措置、第152条第1項（第153条の4において準用する場合を含む。）の規定による停止、変更、禁止若しくは措置、第153条の2の規定による変更、禁止若しくは措置、第155条の10第1項の規定による停止、変更若しくは禁止、第156条の17第2項若しくは第156条の20の14第2項の規定による停止、第156条の20の22の規定による停止、変更若しくは禁止<u>、第156条の32第1項又は第156条の83第1項</u>の規定による停止の

改　正　後	改　正　前
90第2項の規定による停止の処分に違反したとき。 四　（略）	処分に違反したとき。 四　（略）

(1)　**第3号**

法156条の90第2項において特定金融指標算出者に対する業務停止の処分を新設することに伴い、当該処分に違反した者に対する罰則を定めている。

第198条の6

改　正　後	改　正　前
第198条の6　次の各号のいずれかに該当する者は、1年以下の懲役若しくは300万円以下の罰金に処し、又はこれを併科する。 一～九　（略） 十　第56条の2、第57条の10第1項、第57条の23、第57条の26第2項、第60条の11、第63条第7項、第66条の22、第66条の45第1項、第103条の4、第106条の6第1項、第106条の16、第106条の20第1項、第156条の5の4、第156条の5の8又は第156条の89の規定による報告若しくは資料の提出をせず、又は虚偽の報告若しくは資料の提出をした者 十一　第56条の2、第57条の10第1項、第57条の23、第57条の26第2項、第60条の11、第63条第8項、第66条の22、第66条の45第1項、第75条、第79条の4、第103条の4、第106条の6第1項（同条第2項において準用する場合を含	第198条の6　次の各号のいずれかに該当する者は、1年以下の懲役若しくは300万円以下の罰金に処し、又はこれを併科する。 一～九　（略） 十　第56条の2、第57条の10第1項、第57条の23、第57条の26第2項、第60条の11、第63条第7項、第66条の22、第66条の45第1項、第103条の4、第106条の6第1項、第106条の16、第106条の20第1項、第156条の5の4又は第156条の5の8の規定による報告若しくは資料の提出をせず、又は虚偽の報告若しくは資料の提出をした者 十一　第56条の2、第57条の10第1項、第57条の23、第57条の26第2項、第60条の11、第63条第8項、第66条の22、第66条の45第1項、第75条、第79条の4、第103条の4、第106条の6第1項（同条第2項において準用する場合を含

む。)、第106条の16、第106条の20第1項 (同条第2項において準用する場合を含む。)、第106条の27 (第109条において準用する場合を含む。)、第151条 (第153条の4において準用する場合を含む。)、第155条の9、第156条の5の4、第156条の5の8、第156条の15、第156条の20の12、第156条の34、第156条の80、<u>第156条の89</u>、第185条の5又は第187条第1項第4号の規定による検査を拒み、妨げ、又は忌避した者 十一の二〜十七の三　（略） <u>十七の四　第156条の86第1項の規定による届出をせず、又は虚偽の届出をした者</u> 十八　（略）	む。)、第106条の16、第106条の20第1項 (同条第2項において準用する場合を含む。)、第106条の27 (第109条において準用する場合を含む。)、第151条 (第153条の4において準用する場合を含む。)、第155条の9、第156条の5の4、第156条の5の8、第156条の15、第156条の20の12、第156条の34、第156条の80、第185条の5又は第187条第1項第4号の規定による検査を拒み、妨げ、又は忌避した者 十一の二〜十七の三　（略） （新設） 十八　（略）

(1) **第10号**

法156条の89において特定金融指標算出者等に対する報告又は資料の提出命令を新設することに伴い、当該提出命令に違反した者に対する罰則を定めている。

(2) **第11号**

法156条の89において特定金融指標算出者等に対する検査を新設することに伴い、当該検査の拒否等に対する罰則を定めている。

(3) **第17号の4**

法156条の86第1項において特定金融指標算出者に係る届出を新設することに伴い、当該届出をせず、又は虚偽の届出をした者に対する罰則を定めている。

第 205 条

改　正　後	改　正　前
第205条　次の各号のいずれかに該当する者は、6月以下の懲役若しくは50万円以下の罰金に処し、又はこれを併科する。 一〜十三　（略） <u>十四　第43条の5の規定に違反して、同条に規定する事項を閲覧することができる状態に置かず、又は虚偽の事項を閲覧することができる状態に置いた者</u> 十五〜二十　（略）	第205条　次の各号のいずれかに該当する者は、6月以下の懲役若しくは50万円以下の罰金に処し、又はこれを併科する。 一〜十三　（略） 十四　削除 十五〜二十　（略）

　改正法による改正後の法43条の5において、「電子募集取扱業務」を行う金融商品取引業者等が一定の情報をインターネットを通じて相手方が閲覧できる状態に置く義務を新設することに伴い、当該義務に違反した者に対する罰則を定めることとしている。

第205条の2の3

改　正　後	改　正　前
第205条の2の3　次の各号のいずれかに該当する者は、30万円以下の罰金に処する。 一　第31条第1項若しくは第3項、第32条の3第1項（第32条の4及び第57条の26第1項において準用する場合を含む。）若しくは第2項、第33条の6第1項若しくは第3項、第35条第3項若しくは第6項、第50条第1項、第57条の2第4項若しくは第6項、第57条の14、第57条の18第1項、第60条の5、第63	第205条の2の3　次の各号のいずれかに該当する者は、30万円以下の罰金に処する。 一　第31条第1項若しくは第3項、第32条の3第1項（第32条の4及び第57条の26第1項において準用する場合を含む。）若しくは第2項、第33条の6第1項若しくは第3項、第35条第3項若しくは第6項、第50条第1項、第57条の2第4項若しくは第6項、第57条の14、第57条の18第1項、第60条の5、第63

条第3項（第63条の3第2項において準用する場合を含む。）、第63条の2第2項、第3項（第63条の3第2項において準用する場合を含む。)若しくは第4項、第64条の4（第66条の25において準用する場合を含む。)、第66条の5第1項若しくは第3項、第66条の19第1項、第66条の31第1項若しくは第3項、第79条の27第4項、第106条の3第5項（第106条の10第4項及び第106条の17第4項において準用する場合を含む。)、第156条の5の5第5項、第156条の55第1項、第156条の56、第156条の60第2項、<u>第156条の82第2項、第156条の86第4項若しくは第156条の88の</u>規定による届出をせず、又は虚偽の届出をした者 二～六　（略） （削る） <u>七　第57条の2第5項の規定による書類の提出をせず、又は虚偽の書類の提出をした者</u> 八～十四　（略）	条第3項（第63条の3第2項において準用する場合を含む。）、第63条の2第2項、第3項（第63条の3第2項において準用する場合を含む。)若しくは第4項、第64条の4（第66条の25において準用する場合を含む。)、第66条の5第1項若しくは第3項、第66条の19第1項、第66条の31第1項若しくは第3項、第79条の27第4項、第106条の3第5項（第106条の10第4項及び第106条の17第4項において準用する場合を含む。)、第156条の5の5第5項、第156条の55第1項、第156条の56、第156条の60第2項若しくは第156条の82第2項の規定による届出をせず、又は虚偽の届出をした者 二～六　（略） <u>七　第56条の4第3項又は第4項の規定に違反した者</u> <u>七の二</u>　第57条の2第5項の規定による書類の提出をせず、又は虚偽の書類の提出をした者 八～十四　（略）

(1) 第1号

　改正法による改正後の法156条の86第4項において特定金融指標算出者に係る変更届出を、改正法による改正後の法156条の88において特定金融指標算出業務の休止若しくは廃止の事前の届出をそれぞれ新設することに伴い、これらの届出をせず、又は虚偽の届出をした者に対する罰則を定めている。

(2) 第7号

法56条の4を削除すること等に伴う形式的な改正を行っている。

第206条

改　正　後	改　正　前
第206条　次の各号に掲げる違反があつた場合においては、その行為をした認可金融商品取引業協会、第78条第2項に規定する認定金融商品取引業協会、投資者保護基金、金融商品取引所、第85条第1項に規定する自主規制法人、金融商品取引所持株会社、第102条の3第1項に規定する親商品取引所等、外国金融商品取引所、金融商品取引清算機関、外国金融商品取引清算機関、証券金融会社、<u>取引情報蓄積機関若しくは特定金融指標算出者</u>の代表者、代理人、使用人その他の従業者<u>又は特定金融指標算出者</u>は、30万円以下の罰金に処する。 一～十二　（略） <u>十三　第156条の87第1項の規定に違反して業務規程を定めず、若しくは内閣総理大臣の認可を受けず、又は同条第3項の規定に違反して内閣総理大臣の認可を受けずに業務規程の変更をしたとき。</u>	第206条　次の各号に掲げる違反があつた場合においては、その行為をした認可金融商品取引業協会、第78条第2項に規定する認定金融商品取引業協会、投資者保護基金、金融商品取引所、第85条第1項に規定する自主規制法人、金融商品取引所持株会社、第102条の3第1項に規定する親商品取引所等、外国金融商品取引所、金融商品取引清算機関、外国金融商品取引清算機関、証券金融会社<u>又は取引情報蓄積機関</u>の代表者、代理人、使用人その他の従業者は、30万円以下の罰金に処する。 一～十二　（略） （新設）

(1) 第13号

改正法による改正後の法156条の87において特定金融指標算出者の業務規程に係る規定を新設することに伴い、同条1項の規定に違反して業務規程を定めず、若しくは内閣総理大臣の認可を受けず、又は同条3項の規定に違反して内閣総理大臣の認可を受けずに業務規程を変更した者に対する罰則を定めている。

第208条

改正後	改正前
第208条　有価証券の発行者、金融商品取引業者等、金融商品取引業者の特定主要株主、指定親会社若しくは金融商品仲介業者の代表者若しくは役員、金融商品取引業者、金融商品取引業者の特定主要株主若しくは金融商品仲介業者、外国法人である金融商品取引業者、第59条の規定により許可を受けた者若しくは取引所取引許可業者の国内における代表者、信用格付業者の役員（法人でない団体で代表者又は管理人の定めのあるものの代表者又は管理人を含む。）、外国法人（法人でない団体で代表者又は管理人の定めのあるものを含む。）である信用格付業者の国内における代表者、認可金融商品取引業協会若しくは第78条第2項に規定する認定金融商品取引業協会の役員（仮理事を含む。）若しくは代表者であつた者、投資者保護基金の役員（仮理事及び仮監事を含む。）若しくは清算人、金融商品取引所若しくは第85条第1項に規定する自主規制法人の役員（仮理事、仮取締役及び仮執行役を含む。）、代表者であつた者若しくは清算人、外国金融商品取引所の国内における代表者若しくは代表者であつた者、金融商品取引清算機関の代表者若しくは役員、外国金融商品取引清算機関の国内における代表者、証券金融会社の代表者若しくは役員、第156条の38第1項に規定する指定紛争解決機関の役員（法人でない団体で代表者又は管理人の定めのあるものの代表者又は管理人を含	第208条　有価証券の発行者、金融商品取引業者等、金融商品取引業者の特定主要株主、指定親会社若しくは金融商品仲介業者の代表者若しくは役員、金融商品取引業者、金融商品取引業者の特定主要株主若しくは金融商品仲介業者、外国法人である金融商品取引業者、第59条の規定により許可を受けた者若しくは取引所取引許可業者の国内における代表者、信用格付業者の役員（法人でない団体で代表者又は管理人の定めのあるものの代表者又は管理人を含む。）、外国法人（法人でない団体で代表者又は管理人の定めのあるものを含む。）である信用格付業者の国内における代表者、認可金融商品取引業協会若しくは第78条第2項に規定する認定金融商品取引業協会の役員（仮理事を含む。）若しくは代表者であつた者、投資者保護基金の役員（仮理事及び仮監事を含む。）若しくは清算人、金融商品取引所若しくは第85条第1項に規定する自主規制法人の役員（仮理事、仮取締役及び仮執行役を含む。）、代表者であつた者若しくは清算人、外国金融商品取引所の国内における代表者若しくは代表者であつた者、金融商品取引清算機関の代表者若しくは役員、外国金融商品取引清算機関の国内における代表者、証券金融会社の代表者若しくは役員、第156条の38第1項に規定する指定紛争解決機関の役員（法人でない団体で代表者又は管理人の定めのあるものの代表者又は管理人を含

む。)、取引情報蓄積機関の役員（法人でない団体で代表者又は管理人の定めのあるものの代表者又は管理人を含む。)、特定金融指標算出者の役員（法人でない団体で代表者又は管理人の定めのあるものの代表者又は管理人を含む。）又は特定金融指標算出者は、次の場合においては、30万円以下の過料に処する。	む。)又は取引情報蓄積機関の役員（法人でない団体で代表者又は管理人の定めのあるものの代表者又は管理人を含む。)は、次の場合においては、30万円以下の過料に処する。
一〜四　（略）	一〜四　（略）
五　第32条の2第2項、第51条、第51条の2、第53条第1項、第57条の6第1項、第57条の19、第57条の21第1項若しくは第4項、第60条の8第1項、第66条の20第1項、第66条の41、第79条の37第5項、第79条の75、第156条の16、第156条の20の13、第156条の33第1項、<u>第156条の81又は第156条の90第1項</u>の規定による命令（第57条の6第1項、第60条の8第1項、第66条の20第1項の命令においては、業務の停止の処分を除く。)に違反したとき。	五　第32条の2第2項、第51条、第51条の2、第53条第1項、第57条の6第1項、第57条の19、第57条の21第1項若しくは第4項、第60条の8第1項、第66条の20第1項、第66条の41、第79条の37第5項、第79条の75、第156条の16、第156条の20の13、第156条の33第1項<u>又は第156条の81</u>の規定による命令（第57条の6第1項、第60条の8第1項及び第66条の20第1項の命令においては、業務の停止の処分を除く。)に違反したとき。
六〜二十七　（略）	六〜二十七　（略）

(1)　**第5号**

改正法による改正後の法156条の90第1項において特定金融指標算出者に対する改善命令を新設することに伴い、当該改善命令に違反した場合の過料を定めている。

第209条の2 （混和した財産の没収等）
第1項 新設

改　正　後
第209条の2　第198条の2第1項又は第200条の2の規定により没収すべき財産（以下この条、次条第1項及び第209条の4第1項において「不法財産」という。）が不法財産以外の財産と混和した場合において、当該不法財産を没収すべきときは、当該混和により生じた財産（次項及び次条第1項において「混和財産」という。）のうち当該不法財産（当該混和に係る部分に限る。）の額又は数量に相当する部分を没収することができる。

　組織的犯罪処罰法14条に倣い、犯罪行為の後、裁判時までに不法財産につき混和が生じた場合における没収の方法を規定している。

　混和とは、ある財産が同種の他の財産と混じりあって該当部分の特定ができなくなることをいい（民法245条）、刑法上はこの場合没収も不能になると解されていたが（最判昭和23年6月30日刑集2巻7号777頁等）、そのような場合においても、混じりあった不法財産の額又は数量が判明している限りにおいて、これに相当する部分の没収ができることとするものである。

第2項 新設

改　正　後
2　情を知つた第三者が混和財産（第200条の2の規定に係る不法財産が混和したものに限る。）を取得した場合も、前項と同様とする。

　損失補てんの罪における情を知った第三者が混和財産を取得した場合において、任意的没収の対象とする旨を規定している。

　第三者が取得した財産の没収について、不公正取引の罪の場合は今回の改正で新設する法209条の3第1項が適用されるが、損失補てんの罪の場合は、現行規定において既に存在する法200条の2が適用される。その結果、情を知った第三者が取得し、又は取得しようとする財産に混和が生じ

た場合、それぞれ以下のような帰結となる。
(a) 不公正取引の罪（犯人が取得→第三者が取得→混和）
→ 没収不可
（法198条の2第1項は第三者が取得した財産を没収の対象としていないため）
(b) 不公正取引の罪（犯人が取得→混和→第三者が取得）
→ 法209条の3第1項ただし書により任意的没収の対象となる。
(c) 損失補てんの罪（犯人が取得→第三者が取得→混和）
→ 法209条の2第1項により任意的没収の対象となる。
(d) 損失補てんの罪（犯人が取得→混和→第三者が取得）
→ 法209条の2第2項がなければ没収不可。

本項は、上記(d)のケースにおいて、(b)のケースや(c)のケースと均衡を図るため、損失補てんの罪における情を知った第三者が混和財産を取得した場合において、任意的没収の対象とする旨を規定するものである。

第209条の3 （没収の要件等）
第1項 新設

改　正　後
第209条の3　第198条の2第1項の規定による没収は、不法財産又は混和財産が犯人以外の者に帰属しない場合に限る。ただし、犯人以外の者が、犯罪の後情を知つて当該不法財産又は混和財産を取得した場合（法令上の義務の履行として提供されたものを収受した場合又は契約（債権者において相当の財産上の利益を提供すべきものに限る。）の時に当該契約に係る債務の履行が不法財産若しくは混和財産によつて行われることの情を知らないでした当該契約に係る債務の履行として提供されたものを収受した場合を除く。）は、当該不法財産又は混和財産が犯人以外の者に帰属する場合であつても、これを没収することができる。

　組織的犯罪処罰法15条1項に倣い、第三者の権利に係る財産の没収の要件等について規定している。
　本項は、没収は不法財産又は混和財産が犯人以外の者に帰属しない場合に限ることを原則としながら、犯人以外の者が、犯罪の後情を知つて当該

不法財産又は混和財産を取得した場合は、当該不法財産又は混和財産が犯人以外の者に帰属する場合であっても、これを没収することができることを規定する。

　損失補てんの罪については、情を知った第三者が受けた利益について必要的没収の規定が置かれていることから（法200条の2）、不公正取引の罪のみ本項の対象としている。

第2項　新設

改　　正　　後
<u>2　地上権、抵当権その他の権利がその上に存在する財産を第198条の2第1項又は第200条の2の規定により没収する場合において、犯人以外の者が犯罪の前に当該権利を取得したとき、又は犯人以外の者が犯罪の後情を知らないで当該権利を取得したときは、これを存続させるものとする。</u>

　組織的犯罪処罰法15条2項に倣い、善意の第三者の権利がその上に存在する財産を没収する場合において、当該権利を存続させることを規定している。

第8章の2　没収に関する手続等の特例　新設

第209条の4（第三者の財産の没収手続等）
第1項　新設

改　正　後
第209条の4　不法財産である債権等（不動産及び動産以外の財産をいう。次条第1項及び第209条の7において同じ。）が被告人以外の者（以下この条において「第三者」という。）に帰属する場合において、当該第三者が被告事件の手続への参加を許されていないときは、没収の裁判をすることができない。

　組織的犯罪処罰法18条1項に倣い、第三者に帰属する債権等を没収しようとする場合について、当該第三者が被告事件の手続への参加を許されていないときは、没収の裁判をすることができないという原則を規定している。

　本項の趣旨は、第三者に対し自己の権利に関する主張・立証をする機会を与えないで没収の裁判がされることを防止する点であり、刑事事件における第三者所有物の没収手続に関する応急措置法（昭和38年法律第138号。以下「応急措置法」という）7条本文の規定に相当する。なお、例外的に没収の裁判をすることができる場合を定める応急措置法7条ただし書の規定は、同法の規定を包括的に準用する本条6項により準用される。

　本項の対象となる財産は、不動産及び動産以外の財産である。「不動産及び動産」とは、「物」（民法85条）を意味し、これが除かれているのは、第三者が所有する「物」の没収については応急措置法の規定が適用されるからである。

第2項　新設

改　正　後
2　第198条の2第1項又は第200条の2の規定により、地上権、抵当権その他の第三者の権利がその上に存在する財産を没収しようとする場合において、当該第三者が被告事件の手続への参加を許されていないときも、前項と同様とする。

組織的犯罪処罰法18条2項に倣い、地上権、抵当権その他の第三者の権利がその上に帰属する財産を没収しようとする場合について、当該第三者が被告事件の手続への参加を許されていないときは、没収の裁判をすることができないという原則を規定している。本項の趣旨は、基本的には前項と同様である。

第3項 新設

改　正　後
3　地上権、抵当権その他の第三者の権利がその上に存在する財産を没収する場合において、前条第2項の規定により当該権利を存続させるときは、裁判所は、没収の言渡しと同時に、その旨を宣告しなければならない。

組織的犯罪処罰法18条3項に倣い、権利を存続させる場合の裁判について、裁判所が没収の言渡しと同時にその旨を宣告しなければならないものとしている。これにより、没収の言渡しと同時にこの宣告がされなかった第三者の権利は、没収により消滅することになる。

第4項 新設

改　正　後
4　前条第2項の規定により存続させるべき権利について前項の宣告がない没収の裁判が確定したときは、当該権利を有する者で自己の責めに帰することのできない理由により被告事件の手続において権利を主張することができなかつたものは、当該権利について、これを存続させるべき場合に該当する旨の裁判を請求することができる。

組織的犯罪処罰法18条4項に倣い、第三者の権利を存続させる旨の宣告がない没収の裁判が確定した場合において、当該権利を有する第三者で自己の責めに帰することのできない理由により被告事件の手続に参加することができなかった者の事後的な救済を図る手続を規定している。

第5項 新設

改　正　後
5　前項の裁判があつたときは、刑事補償法（昭和25年法律第1号）に定める処分された没収物に係る補償の例により、補償を行う。

　組織的犯罪処罰法18条5項に倣い、刑事補償法に定める処分された没収物の例により補償を行う旨を規定している。

第6項 新設

改　正　後
6　第1項及び第2項に規定する財産の没収に関する手続については、この法律に特別の定めがあるもののほか、刑事事件における第三者所有物の没収手続に関する応急措置法（昭和38年法律第138号）の規定を準用する。

　組織的犯罪処罰法18条6項に倣い、本条1項及び2項に規定する財産の没収に関する手続について、金商法に特別の規定があるもののほか、応急措置法の規定を包括的に準用することを規定している。

第209条の5（没収された債権等の処分等）
第1項 新設

改　正　後
第209条の5　第197条第1項第5号若しくは第2項、第197条の2第13号又は第200条第14号の罪に関し没収された債権等は、検察官がこれを処分しなければならない。

　組織的犯罪処罰法19条1項に倣い、没収された債権等の処分等について規定している。すなわち、刑事訴訟法496条は、没収「物」の処分権が検察官の専権に属することを規定しているが、本項は、債権等（不動産及び動産以外の財産）についても、検察官が処分しなければならないことを

規定するものである。

第2項 新設

改　正　後
<u>2　第197条第1項第5号若しくは第2項、第197条の2第13号又は第200条第14号の罪に関し没収すべき債権の没収の裁判が確定したときは、検察官は、当該債権の債務者に対し没収の裁判の裁判書の抄本を送付してその旨を通知するものとする。</u>

　組織的犯罪処罰法19条2項に倣い、債権の没収の裁判が確定した場合における債務者への通知について規定している。

　債権の没収の裁判が確定した場合、当該債権は国に帰属し、国は、債務者に対して履行の請求をすることができることになる。没収の性質上、国が当該債権を譲り受けたものではないが、債務者は没収の裁判があったことを知る立場にないことから、検察官は、債権譲渡の場合に準じて、債務者に対し没収の裁判の裁判書の抄本を送付してその旨を通知することとしている。

第209条の6　（没収の裁判に基づく登記等）新設

改　正　後
<u>第209条の6　権利の移転について登記又は登録（以下この条において「登記等」という。）を要する財産を第197条第1項第5号若しくは第2項、第197条の2第13号又は第200条第14号の罪に関し没収する裁判に基づき権利の移転の登記等を関係機関に嘱託する場合において、没収により効力を失つた処分の制限に係る登記等若しくは没収により消滅した権利の取得に係る登記等があり、又は当該没収に関して組織的な犯罪の処罰及び犯罪収益の規制等に関する法律（平成11年法律第136号）第4章第1節の規定による没収保全命令若しくは附帯保全命令に係る登記等があるときは、併せてその抹消を嘱託するものとする。</u>

　組織的犯罪処罰法20条に倣い、権利の移転について登記等を要する財産を没収する裁判に基づく登記等の嘱託について規定している。

権利の移転について登記等を要する財産の没収の裁判が確定したときは、国が当該財産を取得するので、それを管理する官公署が権利の移転の登記等を登記官その他の関係機関に嘱託することになるが、この場合、没収により効力を失った処分の制限に係る登記等又は没収により消滅した権利の取得に係る登記等があるときは、これを抹消すべきであり、また、当該没収に関して没収保全命令又は附帯保全命令に係る登記等があるときも、その目的が達成されたものとして抹消すべきものであるから、権利の移転の登記等の嘱託と併せて、それらの登記等の抹消を嘱託することとしている。

「権利の移転について登記等を要する財産」とは、登記等が権利の移転の対抗要件又は効力発生要件となる財産をいい、不動産、船舶、航空機、自動車、特許権、著作権等がある。

第209条の7 (刑事補償の特例) 新設

改 正 後
第209条の7　第197条第1項第5号若しくは第2項、第197条の2第13号又は第200条第14号の罪に関し没収すべき債権等の没収の執行に対する刑事補償法による補償の内容については、同法第4条第6項の規定を準用する。

組織的犯罪処罰法21条に倣い、債権等の没収の執行に対する刑事補償につき、刑事補償法4条6項を準用することを規定している。すなわち、刑事補償法は、没収の執行による補償については、「物」の没収について規定するのみであり(同法4条6項)、債権等の没収については規定がないので、同項を準用して、「物」の没収の場合と同様に取り扱うこととするものである。

第9章　犯則事件の調査等

第210条（質問、検査又は領置等）
第1項

改　正　後	改　正　前
第210条　証券取引等監視委員会（以下この章において「委員会」という。）の職員（以下この章において「委員会職員」という。）は、犯則事件（<u>第8章</u>の罪のうち、有価証券の売買その他の取引又はデリバティブ取引等の公正を害するものとして政令で定めるものに係る事件をいう。以下この章において同じ。）を調査するため必要があるときは、犯則嫌疑者若しくは参考人（以下この項において「犯則嫌疑者等」という。）に対して出頭を求め、犯則嫌疑者等に対して質問し、犯則嫌疑者等が所持し若しくは置き去つた物件を検査し、又は犯則嫌疑者等が任意に提出し若しくは置き去つた物件を領置することができる。	第210条　証券取引等監視委員会（以下この章において「委員会」という。）の職員（以下この章において「委員会職員」という。）は、犯則事件（<u>前章</u>の罪のうち、有価証券の売買その他の取引又はデリバティブ取引等の公正を害するものとして政令で定めるものに係る事件をいう。以下この章において同じ。）を調査するため必要があるときは、犯則嫌疑者若しくは参考人（以下この項において「犯則嫌疑者等」という。）に対して出頭を求め、犯則嫌疑者等に対して質問し、犯則嫌疑者等が所持し若しくは置き去つた物件を検査し、又は犯則嫌疑者等が任意に提出し若しくは置き去つた物件を領置することができる。

　金商法に「第8章の2　没収に関する手続等の特例」を追加することに伴う形式的な改正を行っている。

第2条 金融商品取引法等の一部を改正する法律（平成24年法律第86号）の一部改正

第3条

改　正　後	改　正　前
第3条　金融商品取引法の一部を次のように改正する。 （略） 　第29条の4第1項第1号イ中「許可を取り消され」の下に「、第60条の14第2項において準用する第60条の8第1項の規定により第60条の14第1項の許可を取り消され」を加え、同号ロ中(4)を(5)とし、(3)を(4)とし、(2)の次に次のように加える。 　(3)　第60条の14第2項において準用する第60条の8第1項の規定による第60条の14第1項の許可の取消しの処分に係る行政手続法第15条の規定による通知があつた日から当該処分をする日又は処分をしないことの決定をする日までの間に電子店頭デリバティブ取引等業務（同項に規定する電子店頭デリバティブ取引等業務をいう。以下この号及び次号ヘ(3)において同じ。）を廃止したことにより第60条の14第2項において準用する第60条の7に規定する場合に該当する旨の同条の規定による届出をした場合における当該届出に係る電子店頭デリバティブ取引等許可業者（同項に規定する電子店頭デリバティブ取引等許可業	第3条　金融商品取引法の一部を次のように改正する。 （略） 　第29条の4第1項第1号イ中「許可を取り消され」の下に「、第60条の14第2項において準用する第60条の8第1項の規定により第60条の14第1項の許可を取り消され」を加え、同項第2号ニ中「許可を取り消されたことがある場合」の下に「、第60条の14第2項に規定する電子店頭デリバティブ取引等許可業者であつた法人が同項において準用する第60条の8第1項の規定により第60条の14第1項の許可を取り消されたことがある場合」を加え、同号ホ中「第60条第1項」の下に「若しくは第60条の14第1項」を加え、同号ヘ中「第60条の8第2項」の下に「（第60条の14第2項において準用する場合を含む。）」を加える。

者をいう。以下この号及び次号において同じ。）（当該通知があつた日以前に電子店頭デリバティブ取引等業務を廃止することについての決定（当該電子店頭デリバティブ取引等許可業者の業務執行を決定する機関の決定をいう。）をしていた者を除く。）で、当該届出の日から５年を経過しないもの

第29条の４第１項第２号ニ中「許可を取り消されたことがある場合」の下に「、電子店頭デリバティブ取引等許可業者であつた法人が第60条の14第２項において準用する第60条の８第１項の規定により第60条の14第１項の許可を取り消されたことがある場合」を加え、同号ホ中「第60条第１項」の下に「若しくは第60条の14第１項」を加え、同号ヘ中(4)を(5)とし、(3)を(4)とし、(2)の次に次のように加える。

　(3)　第60条の14第２項において準用する第60条の８第１項の規定による第60条の14第１項の許可の取消しの処分に係る行政手続法第15条の規定による通知があつた日から当該処分をする日又は処分をしないことの決定をする日までの間に第60条の14第２項において準用する第60条の７に規定する場合に該当する旨の同条の規定による届出をした場合における当該届出に係る電子店頭デリバティブ取引等許可業者（当該通知があつた日以前に解散をし、又は電子店頭デリバティブ取引等業務を廃止することについての決定（当該電子店頭デリバティブ取引等許可業者の業務執行を決定する

改　正　後	改　正　前
機関の決定をいう。）をしていた者を除く。）の役員であつた者で、当該届出の日から５年を経過しないもの 第29条の４第１項第２号チ中「第60条の８第２項」の下に「（第60条の14第２項において準用する場合を含む。）」を加える。 （略）	（略）

　電子店頭デリバティブ取引等業務の許可取消処分に係る当局からの通知があった日から処分を決定するまでの間に、電子店頭デリバティブ取引等業務の廃止等の届出（当該通知があった日以前から決定していたものを除く）をした者について、当該届出の日から５年を経過しないことを金融商品取引業の登録拒否事由としている（法29条の４第１項１号ロ(3)の追加）。

　また、金融商品取引業の登録申請者である法人の役員に、電子店頭デリバティブ取引等業務の許可取消処分に係る当局からの通知があった日から処分を決定するまでの間に、電子店頭デリバティブ取引等業務の廃止等の届出（当該通知があった日以前から決定していたものを除く）をした者の役員であった者がいる場合を登録拒否事由とすることとしている（法29条の４第１項２号ヘ(3)の追加）。

　その他、これらの改正等に伴う形式的な修正をしている。

附則第３条（金融商品取引業者に関する経過措置）

改　正　後	改　正　前
第３条　この法律の施行の際現に第４条の規定による改正前の商品先物取引法（次条において「旧商品先物取引法」という。）第190条の許可を受けている者が、この法律の施行の日（次条において「施行日」という。）から金融商品取引法等の一部を改正する法律	第３条　この法律の施行の際現に第４条の規定による改正前の商品先物取引法（次条において「旧商品先物取引法」という。）第190条の許可を受けている者が、この法律の施行の日（次条において「施行日」という。）から起算して６年を経過する日の属する年の翌

（平成26年法律第44号）附則第1条第2号に掲げる規定の施行の日までの間に第2条の規定による改正後の金融商品取引法（以下この条及び次条において「新金融商品取引法」という。）第29条の登録又は新金融商品取引法第31条第4項の変更登録（新金融商品取引法第28条第1項に規定する第一種金融商品取引業のうち同項第1号の2及び第5号に掲げる行為に係る業務のみを行うためのものに限る。）を受けた場合には、新金融商品取引法第46条の規定は、<u>適用しないものとし</u>、同日前に開始する事業年度における新金融商品取引法第46条の3第1項の規定の適用については、同項中「事業年度ごとに」とあるのは「毎年4月1日から翌年3月31日までの期間ごとに」と、「毎事業年度経過後3月以内」とあるのは「当該期間経過後3月以内」とし、新金融商品取引法第46条の4の規定の適用については、同条中「事業年度ごとに」とあるのは「毎年4月1日から翌年3月31日までの期間ごとに」と、「毎事業年度経過後」とあるのは「当該期間経過後」とする。	年の4月1日までの間に第2条の規定による改正後の金融商品取引法（以下この条及び次条において「新金融商品取引法」という。）第29条の登録又は新金融商品取引法第31条第4項の変更登録（新金融商品取引法第28条第1項に規定する第一種金融商品取引業のうち同項第1号の2及び第5号に掲げる行為に係る業務のみを行うためのものに限る。）を受けた場合には、新金融商品取引法第46条の規定は、<u>同日から適用するものとし</u>、同日前に開始する事業年度における新金融商品取引法第46条の3第1項の規定の適用については、同項中「事業年度ごとに」とあるのは「毎年4月1日から翌年3月31日までの期間ごとに」と、「毎事業年度経過後3月以内」とあるのは「当該期間経過後3月以内」とし、新金融商品取引法第46条の4の規定の適用については、同条中「事業年度ごとに」とあるのは「毎年4月1日から翌年3月31日までの期間ごとに」と、「毎事業年度経過後」とあるのは「当該期間経過後」とする。

　改正前金商法46条（事業年度）の内容を変更することに伴う形式的な改正を行っている。

●事項索引

◆ アルファベット

EDINET ……………………… 14, 34, 88
IOSCO ………………………………… 6, 45
LEI …………………………………… 58, 171
LIBOR ………………………………… 6, 45
MRI …………………………… 5, 15, 38, 42
TIBOR ……………………………… 6, 48, 49
WG 報告書 ……………………………… 3

◆ あ行

新たな非上場株式の取引制度
　………………………… 4, 12, 24, 166

◆ か行

虚偽開示書類 ……………………… 34, 35, 36
金融・資本市場活性化に向けての提言
　……………………………………… 26
金融・資本市場活性化有識者会合 …… 4, 26
金融指標 ……………………………………… 45
　——に係る規制の導入 ………… 6, 15, 45
　——に関する原則の最終報告書 … 6, 45
　——の規制のあり方に関する検討会
　　……………………………………… 6, 47
金融商品取引所の業務の追加 ……… 16, 58
グリーンシート銘柄制度 …………… 4, 24
継続開示書類 ………………………………… 69
検討会報告書 …………………………………… 6
行動規範 ……………………………… 53, 184
国内拠点設置等 ……………………………… 41

◆ さ行

算出基礎情報 ………………………………… 53
事業年度規制 ……………………………… 13, 26
　——の見直し ……………………………… 4
資金調達の円滑化等 ……………… 13, 29

施行日 ………………………………………… 17
自己株式 …………………………… 14, 32, 77
自主規制団体 ………………………………… 42
上場企業の資金調達の円滑化等 …… 5
処分した者 ……………………………… 37, 63
新規・成長企業へのリスクマネーの供給
　のあり方等に関するワーキング・グルー
　プ ……………………………………… 3
新規上場に伴う負担の軽減 ………… 4
新規上場の促進 ……………………… 13, 29
組織的犯罪処罰法 14 条 …………… 208
組織的犯罪処罰法 15 条 …………… 209
組織的犯罪処罰法 18 条 ……… 211, 212
組織的犯罪処罰法 19 条 ……… 213, 214
組織的犯罪処罰法 21 条 …………… 215
損害賠償責任 …………………………… 14, 63
損失補てんの罪 …………………………… 57

◆ た行

第一種少額電子募集取扱業者 ……… 120
第一種少額電子募集取扱業務 ……… 119
第二種少額電子募集取扱業者 ……… 121
第二種少額電子募集取扱業務 ……… 122
大量保有報告書 ……………… 14, 31, 32
大量保有報告制度 ………………… 5, 14, 31
短期大量譲渡報告 ………………… 14, 33, 78
訂正発行登録書 ……………………… 14, 69
電子化された株券等の没収手続の整備
　………………………………… 7, 16, 55
電子募集取扱業務 ……………… 95, 133, 203
投資型クラウドファンディング …… 3, 12
　——に係る制度整備 …………………… 20
同時提出義務 ……………………… 14, 33, 80
登録拒否事由 ……………………………… 43
特定金融指標 …………… 15, 48, 50, 60, 178
特定金融指標算出業務

.... 50, 180, 182, 183, 184, 186, 187, 190, 192
特定金融指標算出者
.... 15, 16, 48, 50, 178, 181, 185, 190, 192
特定募集等 61
取引主体識別子 58

◆ な行

内部統制監査 29, 31, 195, 196
内部統制報告書 5, 13, 29, 30, 31, 195
認可金融商品取引業協会 42
認定金融商品取引業協会 42

◆ は行

発行者への写しの送付 34
発行者への写しの送付義務 14, 34
発行登録書 14, 68, 69
必要的没収 55
ファンド販売業者に対する規制の見直し
.... 5, 15, 38
ファンド販売に関する規定の整備 40
付番業務 16, 58, 171, 172
変更報告書 14, 31, 32, 33, 78, 80

◆ ま行

無過失責任 34, 35
無体財産の没収に係る手続規定 7

◆ や行

有価証券通知書 61

◆ ら行

立証責任を転換 36, 64

逐条解説　2014年金融商品取引法改正					

2015年1月30日　初版第1刷発行

監 修 者	齋　藤　通　雄	油　布　志　行
	井　上　俊　剛	中　澤　　　亨
編 著 者	齊　藤　将　彦	古　角　壽　雄
	小長谷　章　人	今　井　仁　美
	齊　藤　　　哲	大　谷　　　潤
	笠　原　基　和	
発 行 者	塚　原　秀　夫	

発 行 所　㈱商 事 法 務

〒103-0025　東京都中央区日本橋茅場町3-9-10
TEL 03-5614-5643・FAX 03-3664-8844〔営業部〕
TEL 03-5614-5649〔書籍出版部〕
http://www.shojihomu.co.jp/

落丁・乱丁本はお取り替えいたします。　　印刷/ヨシダ印刷㈱
Ⓒ 2015 Michio Saito, et al.　　Printed in Japan
Shojihomu Co., Ltd.
ISBN978-4-7857-2247-0
＊定価はカバーに表示してあります。